JN087986

ドル保険・変額保険はこうして売る！

王道のセールストークをロープレ形式で解説

福地恵士 著

近代セールス社

はじめに

保険会社の言うことを聞いていたらあなたもお客様も悲劇だ
～実話 保険金支払いの悲劇がいたる所で起きている

　山中洋子（Y＝やまなかようこ）60歳。先月夫を脳梗塞で亡くした。享年61歳だった。四十九日の法要が終わり、長男の山中和夫（K＝やまなかかずお）（27歳）と共に東洋生命担当の宇流岳夫（D＝うるだけお）（45歳）を呼んで保険金の請求について話を聞いている。

D　このたびはご愁傷様でした。大変残念でしたね。ご主人様の入っていた保険の手続きをさせていただきます。こちらの請求書にご記入をお願いいたします。

Y　ところで、主人の保険金はいくら出るんですか？

D　誠に申し上げにくいのですが、50万円です。

　母と息子の和夫は耳を疑った。

Y　それってどういう意味ですか？　年金で毎年50万円出るという意味ですか？

　宇流は、申し訳なさそうに答えた。

D　いえ、1回だけの50万円です。

　山中洋子は動揺した。夫を亡くした後の人生がまだ30年以上あるかもしれないのに、頼りにしていた生命保険金が50万円であるはずがない。

1

Y　どうして 50 万円なんですか？　死亡保障は 3,000 万円のはずじゃ
　　ないんですか？

D　はい、昨年の 60 歳までは 3,000 万円でした。残念ながらこの保険
　　は、61 歳から死亡保障は 50 万円に下がってしまうんです。

　山中洋子の唇がわなわなと震えだした。

Y　そんなこと知りませんよ。だって東洋生命の終身保険って証券にも
　　書いてあるじゃないの！

D　はい、確かに主契約は終身保険なんですが、その終身保険は 50 万
　　円で、残りの 2,950 万円は定期保険特約といいまして、61 歳以降
　　は保障が切れてしまうんです。

Y　あの、終身とか定期なんとかと言われても、私たち素人にはよく分
　　かりません。加入したときもそんな説明は受けていませんよ！

　息子の和夫もこの担当の説明にまったく納得がいかない。

K　じゃあ、父は去年 60 歳のときに他界していれば、保険金は 3,000
　　万円だったっていうことか？

D　契約的にはそうなります。

K　ふざけるんじゃない！　なんでこれが終身保険なんだよ。そんなの
　　納得できるわけないじゃないか！

D　お気持ちは分かりますが、お気を鎮められてください。

　宇流は、「なんでこんなやっかいなお客の担当になったんだ、山中夫
婦にこの保険を売ったのは 5 年前に売上げ不振で退職した川上誠二なの
に…」と、契約を引き継いだことをひとしきり後悔した。

K　気を鎮める？　鎮まるわけないだろう！

D　は、はい。

Y　おたくの会社と何年付き合ったと思っているの？　主人が 27 歳の
　　ときからだから、もう 30 年以上にもなるんじゃない！　それなの
　　にあんまりだわ…。

D　お役に立てず申し訳ございません。

K　あんたに謝られてもどうにもならないよ。母さん、本当に加入した
　　ときにこの仕組みについて説明されなかったの？

Y　まったく聞いていないわ！

D　そうおっしゃられてもご存知の通り、私が山中ご夫妻にお勧めした
　　商品ではございませんので、申し上げにくいのですが…。当時のご
　　契約ですと、ご契約印と約款受領印を押していただいたことで、ご
　　契約の内容はすべてご理解したということになっております。

K　そんな大事なこと、聞いていれば覚えていないわけないよね。母さ
　　ん。

D　この証券と一緒に保管されていた設計書にも、61 歳以降の保障額
　　が 50 万円と書いてありますでしょ？　担当の川上はご説明したと
　　思うんですけど…。

Y　そんなの覚えてないわよ。もうあきれて涙も出ないわ。和夫！　お
　　母さん、これから 50 万円でどうやって生活していけばいいの？

　　その後、山中親子は東洋生命のお客様相談ダイヤルに問い合わせてみ
たが、宇流とまったく同じ説明しか返ってこなかった。知り合いの紹介
で弁護士にも相談したが、現在の金融商品取引法（金商法）や改正保険
業法（平成 28 年 5 月施行）では、契約印や約款受領印を押しただけで
は、契約内容を顧客が契約内容の重要な部分を理解したことにはならな
いという。しかし、契約した 30 年以上前の保険業法では契約者の立場

は弱かった。

●ドル終身保険・変額保険のすすめ

　こんにちは、福地恵士です。30 年間生命保険の営業をしています。冒頭のストーリーは、私が聞いた事実をもとに書いたものです。

　現在、１日平均 3,700 人の日本人が亡くなっていますが、令和元年の簡易生命表によると、60 歳までに死亡する確率は男性で７％、女性は４％です。つまり、男性なら 3,700 人のうち 60 歳以前で亡くなる人が 259 人で、61 歳以降亡くなる人が 3,441 人ということを意味します。そして、今日も山中さんのような悲劇が発生しています。

　それなのに、今でも 60 歳で大きな保障が切れる保険や、60 歳に向かって保障がどんどん下がっていく収入保障保険が合理的な保険（？）として売られています。これでは、永遠と同じ悲劇を繰り返し続けることになります。

　変額保険やドル保険の売り方をお話しする前に、なぜ世の中から 60 歳や 65 歳で切れる保険をなくす必要があるのか…。その理由は過去の私の著書で一貫して主張してきました。「〈改訂新版〉成功はあなたのすぐそばに」「新・生命保険セールスのアプローチ」（いずれも近代セールス社）を参考にしてください。

　2020 年の国会で改正高年齢者雇用安定法が成立し（2020 年３月16 日）、2021 年４月から施行されました。これは、長寿化に合わせて意欲のある人が長く働ける環境を整えるための改正です。70 歳までの就業確保措置をとることを努力義務とする法案ですが、いずれ大企業から義務化されると思います。

「長生き時代は長く働く時代」

したがって、長く働く時代の生命保険の保障は長い必要があるはずです。この業界に入ってから、この長期就労時代に合わせた長い生命保険の必要性を、お客様と研修生にお勧めしてきました。しかし、30年間生命保険の形はほとんど変わっていません。

私自身は、60歳を過ぎても当然現役で働いていますが（まだ大学生を2人抱えているので当然ですが…）、終身保険の払込みは60歳で終わっています。しかし、変額終身保険ですから保障は増えることがあっても、減ることはありません。ですからいつでも安心して死ねます？

この生命保険の保険料払込終了後の安心感は、住宅ローンの返済終了と同じかそれ以上です。なぜなら、家は住み続けるのに、壁を塗ったり屋根を修理したりするメンテナンスコストがかかります。しかし、変額保険やドル保険はこのコストがかかりません。この大切な財産は、追加費用なしで価値が増加していくのです。

おかげさまで、私が加入している変額保険は6％平均前後で運用されているので、私が生きている限りずっと増えていきます。一方、住宅ローンの払い終わった家はどうでしょうか？　費用がかかるうえ、売却価格はよほどの一等地でない限り年々下がっていきます。**ドル終身保険や長期の変額保険は、家よりずっと価値ある財産**なのです。

60歳で切れる定期保険は、サラリーマン家庭の保障には向いていません。21世紀は長生き時代です。長生き時代は長く働く時代です。ご主人が長く働く間、奥様への収入保障として生命保険も長い必要があるのです。

「財産」の保険であるドル終身保険や変額保険に対して、定期保険は「コ

スト＝費用」です。コストはなるべく安い方がいいですね。コストを売る生命保険セールスは苦労します。何といってもコストですから、安ければ安い方がいい。当然、単価は上がるわけがないのです。

　そのコストを 60 歳まで数百万円から 1,000 万円もかけて負担し、60 歳までに万が一がなければ何も残りません。先ほどから言っているように、60 歳までの男性の死亡率は 7 ％、女性は 4 ％です。さらに生命保険に加入できる人は健康な方です。告知や健康診断をクリアしたお客様の 60 歳までの死亡率はさらに下がります。
　男性の 30 歳から 60 歳までの生命保険に入っている方の死亡率は 2 〜 3 ％、女性では 1 ％以下です。こんなに低い確率の万が一に、数百万から 1,000 万円もコストをかけていい訳がありません。

　70 歳？　いや、それ以上長く働く時代がもう来ているのに、いまだに生命保険は 60 歳定年で堂々と売られています。これは本当に保険会社本位の商品としか思えません。
　ドル終身保険や変額保険は素晴らしい財産です。長生き時代のインフレ・増税・円安に負けない長期所得保障を準備し、かつ、リタイア後はインフレ・増税・円安に負けない老後の資産が形成できます。この本を読んだ一人でも多くの方に「財産の保険＝ドル終身保険、変額保険」を売っていただきたいのです。

　さて、今回の主人公は 42 歳のシングルマザー渋井林檎さんです。逆境にもめげず、ひたすら生命保険営業を続け、やがてドル終身保険や変額保険を使ってサラリーマン家庭や会社の社長に、長期の保障を確保しながら老後の資産形成を勧めて成功します。
　特に 2019 年 2 月 14 日のバレンタインショックで、損金話法一本や

りで、もう法人に売るものがない！　と嘆かれているあなたへ。渋井さんは王道の生命保険営業で開眼していきます。そう、法人に全額資産計上でドル終身保険や変額保険をセールスしていくのです。

　さあ、あなたも一緒に生命保険の売り方革命の主人公になりましょう！　カメラよし、照明よし、マイクよし、よーい、アクション。頑張れ渋井林檎！

目　次

本書の登場人物

①渋井林檎（S＝しぶいりんご）（42歳）
＝本書の主人公。ゼネラル生命俺ヶ崎支店の保険外務員。若くして夫を亡くし、女手一つで小学生と中学生2人の子どもを育てている。体力と食欲だけが取り柄のシングルマザー。

②雲上徹人（U＝うんじょうてつと）（年齢不詳）
＝保険セールスの伝説の募集人。保険営業でトップを走る一方で、後進に営業の極意を伝授している。一方でそば屋を営むという一面も持ち合わせている。

③宇流岳夫（D＝うるだけお）（45歳）
＝山中家の主人が加入していた終身保険を退職者から引き継いだ東洋生命の保険外務員。61歳で他界したことで保障が下がり、寡婦となった洋子夫人と息子の和夫に責められる。

④山中洋子（Y＝やまなかようこ）（60歳）
＝夫を61歳のときに脳梗塞で亡くし、加入していた3,000万円の終身保険の死亡保険金が50万円しか出ないことを知って愕然とする主婦。

⑤山中和夫（K＝やまなかかずお）（27歳）
＝山中洋子の息子で母の洋子と一緒に父親の死亡保険金が50万円しか出ないことに憤慨し、生命保険に強い不信感を抱く。しかし、後に渋井から終身保険を提案されて加入する。

⑥山中良子（Ｒ＝やまなかりょうこ）（26歳）

＝山中和夫の妻で夫は保険に強い不信感を抱いているものの、渋井から終身保険を提案され、財形を止めて保険に一本化することに同意する。

⑦信念　徹（Ｔ＝しんねんとおる）（62歳）

＝社員30人を抱える信念電気の社長。この道40年の職人気質。初めは渋井を相手にしなかったが、渋井に損金保険に代えて変額保険を提案されて最後は加入する。

⑧向水仁志（Ｈ＝むこうみずひとし）（40歳）

＝社員50人を抱える向水建設の社長。24歳のときに父親である先代の社長から事業を引き継ぐ。後に渋井の資産形成話法に納得して変額保険に加入する。

⑨大盛　望（Ｏ＝おおもりのぞみ）（35歳）

＝ＩＴ企業に勤務する。美咲と結婚して第一子が生まれる。友人の母親から収入保険を提案されているが、渋井に提案されて後に財形の積み立て分を加えてドル終身保険に加入する。

⑩大盛美咲（Ｍ＝おおもりみさき）（32歳）

＝大森望の妻で第一子を出産したばかり。夫とともに渋井が提案した長期の保障と資産形成のできるドル終身保険への加入に同意する。

プロローグ ···

～渋井林檎　ＭＤＲＴの達人と出会う

　ゼネラル生命保険の渋井林檎はこの業界に入って早３年。小学５年、中学２年、２人の子どもを抱えての入社だった。夫に先立たれてから女手一つで２人の子どもを養うために職業を転々としたが、なかなか稼げる仕事はない。子どものこともあり、何があっても夜の仕事は避けたかった。

　最後にたどり着いた仕事が一番やりたくなかった生命保険のセールス。でも、頑張れば子ども２人を大学に通わせることができる。時間もある程度融通がきき、夢も実現できるかもしれない。うまくいかなくても最初の３ヵ月は固定給がもらえる。選択肢は他になかった。

　しかし、入社後に受けた研修では、同期30人の中で一番先に辞めるだろうと噂されていた。学歴は一応短大卒だが、資格は保育士。卒業後３年で結婚したので、社会経験に乏しく、知識もなく、地図は読めない。あるのは体力と食欲だけ。研修中に教わった法人保険の「ほうじん」とは、「邦人」つまり日本人のことだと信じていた。また、「損金」とは「ムダ遣い」のことだと思っていた。これについては確かに一理あるが…。

　１ヵ月の研修が終わり、いよいよ営業開始。しかし、当然ながらまったく売れない。夫の仕事の関係でここ俺ヶ崎に引っ越してきたので、知人も土地勘もない。いわゆるイニシャルマーケットが全くないのだ。ゼネラル生命には幸い事業会共済マーケットがあるので、挨拶程度の企業訪問はできる。しかし、飛込み営業よりは少しはましな程度で、スキルや知識のない渋井に現実は厳しかった。

　研修後１ヵ月で１件も契約が取れなければ、査定落ちで辞めなくては

ならない。「家族の生活を守らなければ…」と母の底力を発揮し、上司と同行して医療保険を１件獲得した。毎月最低１件契約という査定をつないでいくのが精一杯だった。

　この年、年収は130万円。自営業だった夫の生命保険は、夫の残した借金を返済したらほとんど残らなかった。自営だったので遺族年金もわずかで食いつなぐのがやっと。寒い冬にも電気代を節約して耐えるしかなかった。狭いアパートに母子３人が身を寄せて手袋、ジャンパー、毛糸の帽子という完全防備スタイルで寒さをしのいだ。

　最初の２年は食べ盛りの子どもに、本当に質素な食事しか与えられなかった。「何とかもっと豊かになりたい！」その一心だった。スキルも知識もないので、お客様との会話から子どもの誕生日、結婚記念日など、お客様の記念日をすべてメモにした。

　「今日はお嬢さんのお誕生日ですね。おめでとうございます」「今日はご結婚記念日ですね。気持ちだけお伝えしたくてお電話いたしました」また、ある日は「ちょうど１年前、上田様から厳しいお断りをいただいた、ゼネラル生命の渋井です。覚えていらっしゃいますか？　もう一度お話しを聞いていただけませんか。また厳しくお断りされても結構ですから、何とかもう一度お会いいただけないでしょうか？」

　たいがいのお客様はこの電話には降参してしまう。断られた日も記念日として電話をかけ続ける毎日。

　渋井の移動手段は自転車だ。交通費にかけるお金はないので、どこにでも自転車で乗り付ける。２駅先でも４駅先でも自転車をこいでいく。ある日、訪問先が遠方でたどり着く前に日が暮れてしまった。しかも道に迷い、地図を見ても自分がどこにいるのか分からない。途方に暮れて

闇夜にやってきた男性に地図を見せながら尋ねた。

「すみません！　今、私は誰でしょう？」

「なんだー？　何を言ってやがるんでえ？」

　突拍子もない質問をされて、その男性は身の危険を感じて足早に立ち去ろうとした。

「すみませーん。間違えました。『今、私はどこにいるんでしょう？』でした。地図の読み方がよく分からないものですから、私はどこにいるんでしょう？」

「おめえさん大丈夫かぁ？」

　この闇夜に無灯火の自転車を引く不審な女性に、トレンチコートの襟を立てた初老の紳士は親切に道を教えてくれたのだった。

●それから３年後

　３年の月日が経った。必死の電話、必死の訪問が少しずつ成果につながっていった。２年目は年収150万円に増えた。でも、そのせいで市から支給されていた補助金がなくなり、実質年収ダウンになった。仕方なく、化粧品はドラッグストアにあるサンプル品を使った。また、試しに家にあったハチミツを乳液代わりに顔に塗ってみた。自転車をこぐ渋井の顔に今日はやけに虫がたかると思ったら、どうやらこのハチミツのせいらしかった。

　３年目はやっと年収が300万円を超えた。それでも雨の日も風の日も、いや台風の日も移動手段は自転車だった。台風の日は100円ショップで買ったカッパなんてまるで役に立たない。目的地に着くころは全身ずぶ濡れだ。

　今日の訪問先はお子さんが生まれたばかりの27歳の夫婦。しっかり

としたアポではなかった。飛び込んだ会社でたまたま対応してくれた女性が、産休明けで学資保険を検討していると聞いて、半ば強引に訪問をお願いしたのだ。

　台風だろうと何だろうと、休んでいる暇は渋井にはなかった。人に会わずしてこの仕事は始まらないことは承知している。ずぶ濡れで尋ねた家の表札には山中和夫（K＝やまなかかずお）（27歳）と書かれていた。
　妻の山中良子（R＝やまなかりょうこ）（26歳）は、ずぶ濡れの渋井の姿に驚いてタオルを渡し、まず体を拭くように促した。

K　台風のなか来てもらって申し訳ないんですけど、僕は生命保険に不信感をもっているんですよ。
S　不信感と言いますと…。
K　あなたに詳しく話しても仕方ないよ。
R　まぁ、ずぶ濡れになりながら渋井さんに来てもらったんだから、学資保険に入りましょうよ。
S　ありがとうございます。でも生命保険にご不信感をお持ちなのは残念です。お子様もお生まれになったばかりですから、万が一のためにぜひ、ご主人様の保障もお考えいただけないでしょうか？
K　申し訳ないけど、生命保険はこりごりなんだ。

S　こりごりですか？　かわいいお子様の学資を貯めながらご主人様の万が一にも備えられる「わん・いん・10サウザンツ＝万が一つき学資保険」という商品がお勧めなんですよ。
K　10サウザンツなんとか…？　ますます怪しいんだよ。万が一なんて要らないから、早く学資だけ貯まる見積り出してよ。
R　渋井さん、うちの主人、生命保険は勧めてもダメですよ。とにかく、

月１万円位の学資の積立プランを出してください。
S　は、はい。失礼しました。

　渋井は過去に何度もこうした断りを受け、反対や断りには慣れていたが、山中和夫の今までにない独特の保険に対する嫌悪感から、今日はこれ以上のアプローチはムリだとあきらめた。学資のプランを再度持参することで、次回の訪問日の約束を取り付けた。あと、今月中に月払保険料で10万円の契約を獲得すれば社内の表彰基準を達成できる。

　外に出ると雨は上がっていた。そこで、帰社の途中に定期訪問していた会社に寄ってみることにした。事業会の名簿にもある信念電気だ。社長は信念徹（Ｔ＝しんねんとおる）62歳。この道40年で典型的な職人気質だ。社員は30人でショッピングモールの電気工事を得意としている。いままで何回も訪問しているが全く相手にされない。でも諦めない。訪問すると、運良くカウンター越しに信念社長の顔が見えた。

S　こんにちは、ゼネラル生命の渋井です。社長さんお久しぶりです。
T　しっしっ。今忙しいんだ。保険屋なんかに用はないよ！

　「しっしっ？　って私は犬か猫か…」渋井は心の中でつぶやいた。ただ、今までも犬や猫扱いをされることはままあった。

S　でも、今日は社長さんにお会いできただけ運がいいです。
T　そっちはラッキーでも、こっちはアンラッキーなんだ。
S　うふふっ。社長さん面白いですね。前回の電気共済の代わりに弊社のバリューダウン保険、ご検討いただけましたか？
T　もうね、付き合いで保険に入っているからこれ以上いらないのよ。

S　でも、社長さん退職金の積立にもなりますよ。

T　退職金の積立になるって言われて、そんな保険は山ほど入っている
　　よ。保険は義理と人情と節税だ！　あんたの保険には付き合わない
　　よ。とっとと帰んな！

　今日も相手にされなかった…。

　信念電気を出るとすっかり日が暮れていた。

　「もう一件、もう一件」渋井が３年間保険業界で生き残れたのは、こ
の言葉があったからだ。雨上がりの夜道を自転車で走る。時々水たまり
にはまり水しぶきが上がった。しぶきの向こうに夜道に光る看板が目に
入った。向水建設（むこうみずけんせつ）だ。ワンモアチャンス！　思
い切って飛び込んだ。これまで、一度もこの会社の社長に会えていない。
今日は奥の席にそれらしき人影を見つけた。

S　こんにちは、ゼネラル生命の渋井と申します。そちらにいらっしゃ
　　るのは社長さんですか？

　向水仁志（H＝むこうみずひとし）40歳。向水建設社長。24歳で
早逝した社長から事業を引き継ぎ、今は社員50人を超える規模にまで
成長させた苦労人。

H　ゼネラル生命？　保険屋さんに用はないね。

S　はい、でも初めて社長さんにお会いできてよかったです。

　渋井は会社のカウンター越しに笑顔を向けた。

H　そっちはよくてもね、今、忙しいんだよ！

S　すみません。でも弊社で事業会共済に加入いただいていますよね？

H　ああ、事業会の付き合いで入っているよ。でも悪いけど、うちは税
　　理士先生から保険に入っているから、あなたたちが来てもムダだよ。

S　税理士の先生からですか…。

　渋井は意気消沈した。法人の知識はほとんどないうえ、簿記もどっち
が借り方でどっちが貸方かも知らないのだ。税理士の三文字が出ると、
すぐに諦めのスイッチが入ってしまう。

H　悪いけど、夏祭りの花火大会の準備を請け負ってね、あなたの話を
　　聞いている暇はないんだ。

S　また伺います。失礼します。

　事業会の加入者リストがあるのがゼネラル生命の強みだが、渋井には
法人をどう攻略するかが大きな課題であった。

　あと月払い保険料で10万円。渋井は諦めない。今回の表彰基準を突
破すれば報酬ランクが2ランク上がる。食べ盛りの子供たちに、もやし
炒めに牛肉を入れて食べさせることができる。締切まで残り2週間。

　記念日ノートをめくった。大盛望（O＝おおもりのぞみ）（35歳）
の名前が目に入った。彼は2年前に参加した「地獄サバイバル研修」で
出会った。切り詰めた生活費から5万円の参加費を捻出するのはきつ
かったが、この仕事で成功するための自分への投資だと思って決めた。

　参加者名簿から生年月日をメモしていたので、早速アポイントの電話
をかけた。

S　大盛さんですか？　ゼネラル生命の渋井です。地獄サバイバル研修
　　で一緒でした。覚えていらっしゃいますか？

O　ああ、渋井さんお久しぶり。

S　大盛さん、お誕生日おめでとうございます！

O　えっ？　僕の誕生日覚えていてくれたんですか？

S　参加者名簿にお誕生日が書いてあったものですから…。

O　それは嬉しいですね。

S　お元気そうでよかったです。いきなり直球で申し訳ございません。
　　一度でいいので、ゼネラル生命の話を聞いていただけませんか？

O　ははは、ホントに直球ですね。

　　久しぶりに聞いた大盛の声は明るかった。

O　僕、あれから結婚したんですよ。子供も生まれたばかりで、ちょう
　　ど保険の加入を考えていたところなんです。

S　わー、おめでとうございます！　私、今日は運がいいですね。ぜひ
　　奥様にもお会いしたいので、今週中にお時間いただけませんか？

　　生命保険の営業でこんなチャンスは滅多にない。「まだ天に見捨てら
れていないんだ！」。もう一件の電話。もう一件の訪問。この営業の大
原則へのこだわりだけが渋井の強みだ。この積極的な行動で、大盛夫妻
に明日の午後に訪問するアポイントが取れた。

　　この日、長男に食事の支度を頼み、会社で夜中までかけて大盛一家の
保険設計書を打ち出した。翌日、夫婦の保険提案で月払保険料３万円、
学資保険で１万円、合計４万円の提案を持って大盛家を訪ねた。山中さ
んの学資と大盛さんで決まれば５万円。目標達成まで半分だ。

　　大盛のマンションは、海の見える高台にあった。急坂をゆっくり自転
車で登る。こんな営業活動を毎日しているうち、渋井の腿の筋肉は隆々

としていった。

　筋肉といえば、こんなエピソードもあった。会社の健康診断でエコー検査をしているときに、看護師から「随分と腿の筋肉がしっかりしていらっしゃいますね？　もしかしてスポーツ関係のお仕事ですか？」と聞かれたのだ。

　そこで渋井は「そうじゃなくて自転車関係です」とのトンチンカンな答えをしたら、看護師がまじめに反応した。「えー、渋井さんって競輪選手なんですね？！」

　エントランスのインターホンで来意を告げ、エレベーターで 15 階に上がった。手前に街がありその先に海が見える。なかなかの絶景だ。1515 室のチャイムを押すと、妻の大盛美咲（Ｍ＝おおもりみさき）（29歳）が笑顔で出迎えてくれた。

Ｓ　大盛さん、素晴らしいマンションにお住まいなんですね。
Ｏ　眺めはいいけど、ローンの返済は大変なんだよ。
Ｓ　お勤めはＩＴ企業でしたよね？

　一流大学を出て一流ＩＴ企業に入るとこんな素敵なマンションに住めるのか…。渋井もこの仕事で成功して、こういうマンションに住めるようになりたいと思った。

Ｏ　ＩＴといってもお役所相手の仕事だから、世間で思われているより地味な生活ですよ。
Ｓ　こんな素晴らしいマンションにお住いの大盛さん、素敵な奥様とお子様に必要なプランをお持ちしました。「インカムゲットチャンス」という商品で、ご主人に万が一のときには毎月 30 万円の保険金が

60歳まで奥様に振り込まれます。入院の保障も奥様の分も入れて日額1万円を準備しましょう。

O 渋井さん、すみませんが同じような提案を先輩のお母さんからされているので、お世話になった方から入ろうと思っているんですよ。

そこで、ライバル社のセンチュリー生命の設計書を見せてもらった。夫の収入保障月額30万円、夫婦の入院保障も日額1万円で同じだった。終身保険が全く付いていないので保険料は1万円安かった。

S そうですよね。お世話になった方は大切にしないといけませんね。

O それにね。予算もあまりないんですよ。すでに入っている1万円の妻の保険も、そのお母さんからなのでやめられないし、月の保険料は3万円以上出せないんですよ。

渋井は、義理のある人から入っているという断りには弱かった。それに応酬もできないし、大盛夫妻の関心を引く提案もできなかった。しかし、諦めるわけにはいかない。とりあえず週末に再訪することの了解をもらい、引き上げることにした。

エントランスを出て愛用の自転車に乗ろうとしたら、タイヤがパンクしていた。毎日酷使されてタイヤが悲鳴を上げたのだ。仕方なく自転車を引いて帰ることにした。悔しかった。自分には力がない。もうダメかもしれない。こみ上げる涙も拭かずに歩き続けた。でも、こんなときにいつも取り出す本があった。

「あなたには、力がある。あなたは、この仕事をするために生まれてきた。だから必ずできるのです。『大丈夫、ぜったい売れる！（近代セールス社）』」この一節が渋井林檎は好きだ。声を出して読むとなぜか力が

湧いてくる。

　そうこうするうちに、ようやく俺ヶ崎市内の外れまでたどり着いた。ふと路地をのぞいたら、一件のそば屋が目に入った。のれんには「そば処　雲上庵」とある。ん…？　鰹だしのいい香りが漂ってくる。昼食も取らずに今日一日中走り回って空腹だった。入口を開けて思わずのぞき込むと、どこかで聞いたような声がした。

●伝説の募集人、雲上徹人との再会

U　おめえさんだったか。入んな、そば食ってきな。

　あれ、どこかで見たことあるよ、この人。誰だっけ？　えーと…。渋井が考えていると…。

U　まだ思い出さねえのか。おめえさんよ。『今、私は誰でしょう？』ってオレに聞いただろ？
S　あらいやだ。あのとき、道を教えていただいた方ですか？
U　そうともよ。あんた保険屋だろ？　名前は渋井林檎。
S　えっ？　何で私の名前を…しかも仕事までご存知なんですか？
U　オレの本を手に持ってるじゃねえか。
S　ええっ？　雲上庵の雲上さんって、この本の雲上先生ですか？
U　おおともよ。おめえさん大分苦労しているようだが、毎日頑張ってるじゃねえか。まあいいから入ってそこに腰かけな。新そばがちょうど穫れたところだ。そば食いねぇ。
S　あのぉ…私あまりお金ないんです。
U　てやんで。保険屋から金は取らねえから心配すんな！

　雲上徹人（U＝うんじょうてつと）は見事な手さばきでそばをこね

ている。掌で押しては返し、押しては返しているうちに粉のかたまりの表面が艶を帯びてくる。渋井は本物のそば粉は青みがかっていることに初めて気づいた。

S　おそばって青っぽい色しているんですね。
U　そうよ。新そばのときは特に青っぽいんだぜ。こうやって打っているだけでそばのいい香りがしてくるだろ？

　そう言っている間に粉のかたまりがつぶされて円形になる。こね鉢から取り出された円形が今度は、綿棒で見事に直径１メートルに広がる。綿棒に巻き付けられた円形があっという間に正方形になった。

S　魔法ですねえ。
U　へへへん。

　雲上は大きな鼻をこすって薄くなった正方形を指で半分に切り、３つ折りに畳んだと思ったら、そば包丁をこま板に当て１ミリ角の麺を切り出していく。そば打ちを目の前で見ている渋井は、その見事な手さばきにくぎ付けになっている。
　そば包丁で麺をすくって、打ち粉を払い落として沸いている釜に泳がせる。渋井は、あらかじめ出された生わさびを鮫皮でおろして待っている。生わさびなんて何年ぶりだろう？　爽やかな香りが鼻孔を刺激する。

U　今日は湿度が高けぇから25秒だな。

　さっと釜からざるですくって冷水で洗い、竹で作ったざるに移して渋井の前に出された。

U　さあ、挽きたて打ちたて茹でたてだ。さっさと食いな。

S　はい、遠慮なくいただきます。

　渋井は出された小洒落た細い竹の箸ですくい、タレにそばを数ミリ付けて一気に音を立てて吸い込んだ。

U　おっ、おめえさん。そばの作法知っていやがるな。どうでえ、うめえか？

S　おいしいで…す…。

　途中まで言いかけたが涙で言葉が出ない。こんなにおいしいそばってあるんだ。この３年間、ひたすら節約を心がけていた渋井は、そばなど食べられなかった。打ち立てのそばの香りと、雲上オリジナルの鰹節と鯖節のたれを全身で味わった。自転車で長距離を移動したこともあって、一気にざる２枚を平らげた。

U　おぉ、いい食べっぷりだ！

S　雲上先生、感動しました！　おいしかったです。ありがとうございました。

U　そば食って泣くやつがあるか。まあ、あの夜道おめえさんと変な出会いがあったもんだからな、しかも、カゴにオレの本を入れて自転車走らせているから興味を持ったんだぜ。ちょっと調べさせてもらったよ。おめえさん、ゼネラル生命で随分と頑張ったんだなぁ。

S　何でそんなこと知っているんですか？

U　オレはな、この業界長げーんだぜ。オレの生保のネットワークは世界中にあるんだ。ゼネラル生命にも弟子がいるからな、調べる気になりゃあ容易いことよ。

S 4年目で初めて海外表彰基準が見えているんですけど、あと月払い
  保険料で10万円なんです。でも提案しても訪問する先々でいいお
  返事がもらえなくって…。

　なぜか雲上の前では何でも話せてしまう。

U よくもノー知識、ノースキルで3年も頑張ってこれたもんだなぁ。
S 先生の本のおかげで少しは知識もスキルも付いてきたんですよ。最
  初の頃なんて法人って「邦人＝日本人」のことと思っていたし、「損
  金」って会社のムダ遣いのことだと思っていました。あと、有限会
  社って限りがあっていつか終わってしまう会社だと…。
U そりゃおもしれえなぁ。ひゃっはは！　それにしてもあんた、法人
  が邦人、損金はムダ遣いだぁ？　うん一理あるな。有限会社は限り
  ある会社かぁ、これも一理も二理もある。おめえさん天才かもな。

　雲上があまりに奇異な声で笑うので渋井は困惑している。

S 雲上先生、笑いすぎです。
U ああ、すまねぇ。お前さんがあんまりにもユニークだからな。いやぁ、
  すまねぇ。そのノー知識、ノースキルで海外表彰まで月払い保険料
  であと10万円か？
S でも、ノー知識、ノースキルでも私どうしても今年はやりたいんで
  す。だけど、あと2週間でどうやったらいいか分かりません。
U よーし、そば湯飲んだらレッスンしてやっかぁ。
S 本当ですか？

　渋井は予期せぬ展開に胸が弾んだ。

レッスン1 ···

ニードセールスからウォンツセールスへ
～「ウォンツ＝欲しくさせる」セールスを実践する

U　まず、あと2週間だよな。

S　はい。

U　今、提案して話が進んでいない先はどこでぇ。

S　山中和夫さんという方が学資保険だけで、ご家族の保障の話をしよ
　　うとしても聞く耳を持っていただけないんです。せめてライフプラ
　　ニングだけでもさせていただきたいんですが、過去に生命保険で嫌
　　な経験をされたようで、次回は学資保険だけの提案に伺うことに
　　なっています。

U　てやんでぇ。

S　てやんでぇってどういう意味ですか？

U　何言ってやがるんでぇって意味だ。会社に教えられたやりかたじゃ
　　あ、悪いが生産性は上がらないぜ。売り方を根本的に変えるんだ。
　　学資保険が欲しいって言われて学資だけ提案したんじゃ、ガキの使
　　いじゃねえか。ニードセールスからウォンツセールスに切り替える
　　んだぜ。

S　ニードじゃなくてウォンツですか？

U　そうともよ。こちらから「ニード＝必要の押し売り」じゃなくて、
　　「ウォンツ＝欲しくさせるセールス」ってのが神髄だぜ。

S　でも、生命保険に対してとても何か嫌なことがあったみたいで、頑
　　なにお断りになるものですから…。

U　そういうお客様には財産形成話法を使うんだぜ。お客様のその頑な
　　心を解き放つには、まず興味を持っていただくネタを出すんだ。

S　興味を持っていただくネタですか？

U　そうよ、保険が嫌だという所から押しちまったら、話が全てご破算になっちまう。この話法はな、独身やお子さんのいないご夫婦で、特に奥様の方が収入があるような場合によーく効く話法だぜ。おせーてあげるから、よーく聞いてしっかりマスターするんだぜ。

S　ありがとうございます。

U　そのほかに見込客はいるだろ？

S　はい、地獄サバイバル研修で一緒の班だった方が最近結婚され、おお子様が生まれたので、早速今日伺ったんですよ。

U　おぉ、頑張ってんだなぁ。それで、またライフプラニングしてニードセールスをしたんだろ？

S　はい。会社からライフプラニングは必ずするように言われていますから。

U　いいか、そこでさっきの「ウォンツ＝欲しくさせるセールス」を実践するんだ。

S　ウォンツですか。そうなんですよ。家族収入保険月30万円の保障プランをお持ちしたら、同じような提案をお客様の先輩のお母様からされていて、同じ保険ならそちらから入ると言われました。

U　そうだろ？　差別化されたセールスが勝利の近道だぜ。まあ、会社のマネージャーには悪いが、彼らの言うことを聞いていたら目標は達成できねえな。

S　やはり、その財産形成話法ですか？

U　そうだ。同じ提案したら目標は達成できねえだろ。その会社の表彰基準達成してえのか、それとも諦めるのか？

S　はい。今期はどうしても達成したいんです。

U　だったらよく聞きな。今世の中、老後資金2,000万円問題がサラリーマン最大の関心事だ。関心のあるトピックスでお客様の興味を引く話を武器にするんだぜ。

S　はい。先生！

U　おめえさんは、ガッツはあるから大丈夫だぜ。絶対売れる！

　「大丈夫、絶対売れる！」この言葉に何回も励まされたが、今日は雲上から生の激励を聞いてまた涙があふれてきた。

　渋井は、雲上の財産形成話法のアプローチを録音して、その夜はその録音を書き出してひたすらにこの話法を練習した。ただし、あのべらんめい調だけは移らないように注意した。

～財産形成話法で興味を引き付ける

　約束の日、再び山中家を訪ねた。

K　学資保険なら月々1万円で申し込むから書類出して。

　山中和夫（K）は、あまりこちらに目を向けずに言い放った。渋井は勇気をもって財産形成話法を切り出した。

S　山中さん、学資保険も将来の大切な財産形成になると思いますが、山中さんにとっての財産というと他に何を連想されますか？

K　財産？　そうだな、持ち家と少々の貯金かな…。

S　山中さん。5分だけ、5分だけで結構ですからこちらをご覧ください（図表1）。

図表1　あなたの資産は何ですか？

持ち家？	貯金？

持ち家は資産ではありません。
車と同様、年月とともに価値が下がっていきます。

貯金は資産ではありません。
インフレで価値が下がっていきます。

資産の定義……時間の経過とともに価値が増加していく
ものが財産と呼べるものです。

S　ここで財産の定義をお話しします。山中さんにとって真の財産は、
　　時間の経過とともに、価値が上がっていくものなのです。だから、
　　大切なお家は残念ながら財産とは呼べないんですよ。怒らないでく
　　ださいね。

K　えっ？　そ、そうなの？

　　渋井は、山中和夫の表情の変化に注意を払いながら話を進める。

S　山中さんのお宅は、失礼ですが住めば住むほど価値が上がって高く
　　売れますか？

K　いや、年数がたてば普通に下がるでしょ。

S　そうですね。残念ですが車と一緒で時間の経過とともに下がってし
　　まいますよね。

K　それは、そうだけど。

S　オリンピックが開催された東京ベイエリアの一部や田園調布の御殿
　　なら、時間の経過とともに土地の値段は高くなりますから、それは

財産かもしれません。

K　まあね。それが？

S　それに、貯金も財産とはいえません。

K　なに、貯金も財産じゃないって？

S　はい。山中さんはインフレってご存知ですよね？

K　ああ、知ってるよ。物価が上がっていくことでしょ。

S　その通りです。老後の資産作りに財形や貯金などはされていますか？

K　ああ、保険は嫌いだけど財形で月５万円積み立てているよ。

S　月５万円ですか…。しっかり貯金されていますが、銀行や財形で老後の生活費を積み立てるのはやめていただきたいのです。

K　えっ、なんで？

S　失礼しました。理由はこれから申し上げます。こちらの図表をご覧ください（図表２）。

K　ああ、うん。

　山中は、けげんな顔をしている。渋井は図表２の下に向かって説明を続ける。

S　100万円の貯金がインフレや消費増税で減っていくお話です。2012年12月25日第２次安倍内閣が発足して、毎年２％インフレを起こすこと。消費税を上げること。円安にすることを安倍内閣は国策にしました。まず、2014年４月に消費税を５％から８％に上げましたね？　これで山中さんの貯金は、３％の消費税分つまり３万円は使えなくなりました。そして安倍総理は、日銀の総裁を白川さんから黒田さんに代えて毎年２％のインフレを達成することを

指示しました。

K　でも、2%のインフレなんか達成されていないんじゃないの?

図表2　インフレ対策のない保険・貯金は危険です!

```
あなたの100万円の貯金が減っていく!?

2012年12月　第2次安倍内閣発足    消費増税・インフレ・円安を国策に
                                しました。

2014年4月     3%の消費税アップで100万円×3%=3万円   97万円
              貯金の価値が減りました。

2015年        1%のインフレで預金の価値は1万円減     96万円
  ⋮

2018年        3年分のインフレで預金の価値は3万円減    93万円

2019年10月    消費税増2%+インフレ1%で3万円のマイナス   90万円

わずか5年で100万円の貯金が10万円価値が下がりました。これって貯金?or 減金?
```

　山中は、そこそこ経済に詳しいようだ。渋井は手ごわいと感じながらも、雲上に習ったトークを続けた。

S　山中さんは鋭いですね?

K　そんなことはないよ。

S　その通りなんです。2%のインフレ目標は達成できずに黒田さんは毎年言い訳会見を開いていますね。『今年は2%の目標を達成できず、1%前後のインフレ率でした』と。

K　だから…。

S　つまり、1%くらいは毎年インフレをしていますから、100万円の貯金の1%の1万円くらいは、毎年価値が下がっているというこ

となんです。2015年に97万円の価値だった貯金が1％減で96万円になりました。…それから2018年まで毎年1％インフレが続き、また3年間で3％減＝3万円減の93万円です。

K　ああ、なるほど。

S　そして、2019年には1％のインフレに加えて、消費増税2％の合計「3％＝3万円」貯金の価値が下がっているのです。そうすると90万円ですよね。2014年からわずか5年で、山中さんの貯金は10％減ったことになるんです。

　始めは関心がなかった山中は、今では渋井の話にすっかり引き付けられている。

K　5年で10％か…、それは困るよな。

S　はい、銀行や郵便局、財形で積み立てることは…怒っちゃイヤですよ。これは「貯金」ではなくて「減金」です。

K　減金だって…すごいこと言うんだなあ。まいったなぁ…。

　山中和夫は、まいったと言いながら笑っている。少しずつ渋井に打ち解けてきたようだ。

S　申し訳ございません。せっかく毎月コツコツ積立をされているのに、インフレ・増税・円安で価値が下がっているんです。

K　じゃあ、どうすればいいんですか？

　「どうすればいいんですか？」渋井はこの言葉を待っていた。お客様から「どうしたらいいの？」を引き出すこと＝アプローチの成功＝問題の共有となると雲上から習ったのだ。

S　ですから、山中さんはインフレ・消費増税・円安に負けない資産形
　　成をしなくてはいけませんよね？

K　だけど、どうやってこのゼロ金利の時代に資産形成するんだい？

S　山中さんは、生命保険は大嫌いとおっしゃっていましたが、大嫌い
　　な生命保険の中にはインフレ・増税・円安に負けない、長期の死亡
　　保障と老後の資産形成が同時にできる商品があるんです。そこで、
　　私の提案を聞いていただけないでしょうか。山中さんご一家を守る
　　ために、私には譲れない「経営理念＝ポリシー」があるんです。

K　経営理念？　ポリシー？　何ですか？

～「わたしの使命」を伝えて締めくくる

　山中も渋井の迫力に押されてきているようだ。

S　はい、こちらの図表をご覧ください。渋井は「わたしの使命」を読
　　み上げた（図表3）。

図表3　「私の使命＝経営理念」です

1．長生き時代＝長く働く時代にふさわしい長い保険が必要
　　です。短い保険（60歳前に切れる）はお勧めしません。

2．ムダな保険料は一円も払わせません。
　　（長生きしたら保険料が返ってこない？）
　　保険がいらなくなる時期（完全リタイア時）に、保険料
　　は全額お返ししたい。

3．インフレや増税、円安に負けない賢い資産形成のお手伝い。

渋井の熱いこの経営理念に、山中は今まで出会った俗にいう "保険屋"
にないものを感じていた。

K　「60歳前に切れる保険は勧めない」って本当ですか？
S　はい、もちろんです。私の一番大切にしているポリシーです。

　ついに山中は、心の奥にある生命保険に対して不信感を抱いた訳を渋
井に語り始めた。

K　実は、私の父が 61 歳で他界したときに支払われた保険金が、たっ
　　たの 50 万円だったんですよ。
S　50 万円ですか？　もしかして、60 歳までは大きな保障があったん
　　じゃありませんか？
K　その通りです。でも保険証券や設計書には東洋生命の終身保険って
　　書いてあるじゃないですか。素人には 3,000 万円の終身保険とい
　　えば、3,000 万円の保障が一生続くと思いますよね？　父は担当者
　　を信じて何回も保険を見直して、60 歳までに 1,000 万円くらい保
　　険料を払っていたんです。それなのに、61 歳で他界したら 50 万
　　円しか保険金が出ない。
S　それでは、悔しい気持ちになりますよね。
K　悔しいどころか詐欺にあったような気分です。僕は、それ以来生命
　　保険に不信感を抱いているんです。

S　山中さんの抱いた不信感はよく理解できます。実は私も主人に先立
　　たれて、生命保険があまり役に立たなかったんです。
K　本当ですか？
S　もし、保障が 60 歳で切れることなく一生涯続き、インフレ・増税・

円安に負けない保障と老後の財産が同時にできる保険があるとしたら、ご関心ありませんか？

K　あるよ。もちろん。

S　ありがとうございます。それでは学資もインフレに強い商品をご提案させていただきますね。

K　あぁ、頼みます。

　アプローチは成功だ。渋井は次回のアポを取ってすぐに雲上の所に取って返した。

U　まあ、時間がねえから、本当はその場ですぐプレゼン～クロージングをして欲しかったな。

S　でも私、実はドル終身や変額終身保険をお勧めする知識があまりないんですよ。

U　仕方ねえな、それじゃあ即決のドル終身保険の売り方のレッスンを始めるぜ。

S　はい、よろしくお願いいたします。

レッスン2

ドル終身保険のセールストーク
～テレビ通販のトークで伝える話法を身につける

U　いいか。渋井。そのお客様にはドル建ての終身保険をな、感動的に
　　プレゼンするんだぜ。まずは基本のドル終身保険10万ドルの3つ
　　のメリットのプレゼンだ。テレビ通販のジャパネットたかたじゃな
　　くて、ジャパネット渋井バージョンを身に付けるんだ。

S　ジャパネット渋井ですか？

U　そうだ。なんであの会社が日本一の通販会社になったかというと、
　　創業者で初代社長の名調子、つまり伝わる話し方がジャパネットを
　　通販会社ナンバーワンに押し上げたんだ。この会社にしかねえ商品
　　を売っている訳じゃねえだろ？

S　よく考えたらそうですね。

U　大体どこにでもある商品だ。だが、たかた元社長の伝える話力が、
　　普通の商品を次々と人気商品に変身させたんだぜ。

S　つまり、伝える力が必要なんですね？

U　おうよ。絶対難しい言葉を使わねえ。たとえば「ズームレンズ」な
　　んて言葉は使わずに、「遠くに離れている景色を近づかなくても、
　　大きく写し出すことができるレンズが付いているんですよ」といっ
　　た具合いにな、やさしい言葉で説明するんだぜ。だから終身保険も
　　専門用語を使わないで感動的に伝えりゃ、それだけで販売力は断然
　　上がるんだ。

S　よく分かりました。

U　おっといけねえ。そのドルの話の前にだ。まず、何で終身保険かっ

ていう話を、お客様に理解していただかないとな。終身保険とは簡
単に言えば、なげぇー保険っていうことだ。

S　長い保険ですか？

U　そうよ。プレゼンの前半はなぜ60歳以降も大きな保障が必要かと
いうことを、お客様に理解していただく話を展開するからな。

S　はい、集中して話を聞かせていただきます。

U　60歳以降も大きな保障が必要だと理解していただいたうえで、ド
ル終身保険のメリットをお伝えするんだぜ。それじゃあ、ジャパネッ
ト雲上のCMバージョンだ。よーく脳裏に焼き付けておけよ。

S　先生お願いします。

U　皆さん、こんにちは！

　突然甲高い声が店内に響いた。本当に、雲上はジャパネット式のプレ
ゼンを始めた。

U　今日ご紹介するのは、ゼネラル生命のドル建て終身保険10万ドル
です。渋井さん、最近日本人は長生きになってきていますよね。

S　えっ？　私アシスタントですか？

U　おお、調子が出るからついてきな。

S　は、はい、そうですね。長生きになってきていますよね。

U　そうなんです。ですからね、長生き時代は働く期間も長くなって行
くんですよ。こちらをご覧ください。今から70年くらい前には、
男性が100人生まれたら60歳でちょうど半分の50人が亡くなっ
ていたんですね（図表4）。

S　ちょうど半分なんですね。

U　はい、ですから、この60歳以降の人の老後はこの斜線の20歳か

ら60歳までの人たちが支えていたんです。

S　そうですね。

図表4　昭和22年のわが国男性の生命表

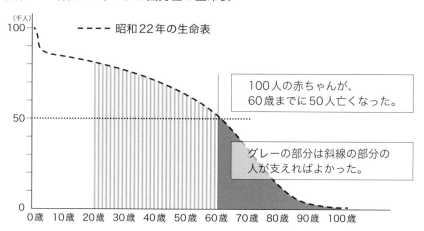

渋井は雲上のアシスタントをしながら必死に笑いをこらえていた。プレゼンでは例の"べらんめい調"が全く出ないのだ。それどころか、あの初代社長そっくりになる。

U　渋井さーん。今、日本の男性の同級生が亡くなって半分になるのは
　　いくつだと思いますか？

S　75歳くらいですか？

U　てやんでー。ではなく、なんと！　84歳なんですよ。

S　えっ？　84歳ですか？

U　はい、さらに女性の同級生が半分になるのは90歳なんですよ。

S　すごく長生きになったんですね。

U　そうなんです、渋井さん。ですから女性も男性もこの長生き時代には現役である期間も長くなったんですよ。

S　でも、70歳以降も働く時代と言われてもなんかピンとこないんで

　　すけど？

U　ちょっと、ここで現在の生命表を見てください（図表5）。

S　はい。

図表5　わが国男性の60歳以降の生存率

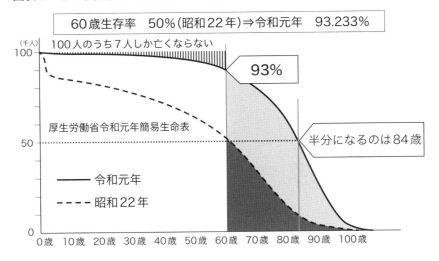

U　これは厚生労働省の令和元年簡易生命表です。今から70年くらい
　　前の昭和22年の60歳は、現在では84歳ということですよね？（詳
　　しくは「新・生命保険セールスのアプローチ」近代セールス社参照）

S　はい。

U　ということは、今の60歳は昔の35歳から40歳、今の70歳代は
　　昔でいえば働き盛りの50歳代ということなんですよ。

S　現役時代が延びたんですね。

U　その通りなんです。さらに、女性は60歳で96％も生存していて、
　　半分になるのは90歳ですよ、渋井さん！（図表6）

S　きゅーじゅっさいですかー。

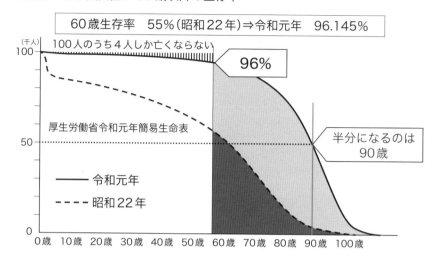

図表6　わが国女性の60歳以降の生存率

U　そうなんです。女性は90歳で同窓会を開くと、なんとクラスの半分も健在ということなんです。

S　すごいですね。

U　もうこれは寿命が単に延びたのではなく、男で25年(＝四半世紀)、女で30年人生がシフトしたんですよ。

S　寿命が延びたんじゃなくて、人生が25年、30年シフトしたんですね。

U　そうなんです。

S　近年「ライフシフト」という本が話題になりましたね。

U　そう、人生が全く変わったんですよ。もう60歳まで働いたらその後は退職金や年金、プラス貯金で暮らしていくという考えは難しいんです。長生き時代は60歳、70歳は昔の40歳代、50歳代で働き盛り！

S　60歳、70歳は働き盛りですか？

U そう、改正高年齢者雇用安定法が施行されたので、企業は70歳ま
　で働ける仕組みを整備することになったのです。

S 国も長く働けるように法律も見直しているんですね？

U そうなんです。そこで、長く働く時代を守る生命保険は60歳で切
　れてしまっては困りますよね？

S はい。つまり60歳で保険が切れてしまうことは、昔の40歳、50
　歳で保険が切れてしまうということなんですね。

U その通りです。長生き時代は長く働く時代、長く働くお父さんを守
　るには長い保険が必要ということなんです！　そこで今日お勧めす
　るのは、ゼネラル生命の「ドル建て終身保険10万ドル」です！。
　1ドル110円で計算したものを円換算で説明させていただきます
　（図表7）。

図表7　ドル建て終身保険10万ドル（1,100万円）

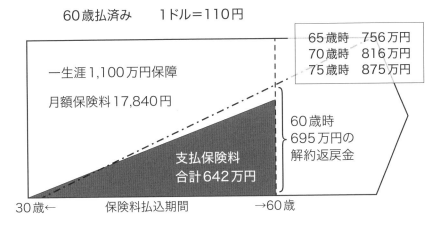

S ドル建てですか？

U はい、為替リスクがあることは初めにお知らせしますが、ドル建て
　終身保険をお勧めする理由は次の通りです（図表8）。

図表8　ドル建て保険・年金を勧める理由

1. **保険料が円建ての商品より3〜5割位安い。**(※1)

2. **予定利率が円建ての商品より高く、**
   将来の貯蓄効果が期待できる。(※2)
   円0.25%〜1.5%に対し、ドル商品は3%〜4%(※1)

3. **円に対しドルはインフレに強い?**
   理由は、簡単にいえば物価上昇期にドルは金利を
   上げてくれる通貨だからです。円は、物価が上がっ
   ても金利は上がりません。

   ※1　保険料は各社によって異なります。
   ※2　ドル商品には為替リスクがあり、将来の貯蓄効果を保証するものではありません。

U　図表8の3番目については、後ほど詳しくお話しますが、その前の
　　図表7をご覧ください。このドル建て終身保険10万ドルですが、
　　名前の通り一生涯の保障がある保険です。満期はありませんので、
　　ご家族には確実に保険金が払われます。保障は一生ですが、保険料
　　の払込終了は60歳です。60歳までに払い込む保険料が642万円
　　です。この終身保険には3つのメリットがあります」

〜ドル終身保険の3つのメリットを説く

　⇒ここからがユニークな説明。完全にマスターしたい!

S　3つのメリットですか?

U　はい、1つ目です。た・っ・た・642万円の投資で1,100万円の財産を
　　確実に奥様とお子様に残すことができます（ドルベースです）。
　　642万円の投資で確実に1,100万円の財産を残すような商品が、
　　ほかの金融機関にございますか?　郵便局、銀行、財形で積み立て

　　たらこのように増えますか？

S　ゼロ金利ですからまったく増えませんよね。

U　証券会社に642万円投資すれば、ひょっとしたら1億円になるか
　　もしれませんが、半分くらいになるかもしれませんね。

S　そう、確実ではありませんよね。

U　ドルベースで642万円の投資で1,100万円の財産を確実に奥様と
　　お子様に残すことができるんです。これが、終身保険の最大の（さ
　　い、だいの！　とさらに声が高くなる）メリットです。

S　なるほど。

U　でも642万円の投資をされるのはご主人で、受け取るのは奥様、
　　お子様というのはいかがですか？

S　そうですよね。ご主人が亡くなった後、家族が受け取るわけですか
　　ら、ご主人としてはあまり嬉しくないですね。

U　そこで終身保険のメリットの2つ目です。60歳以降は保険料の払
　　込みはなくなります。もし60歳でこの保険を解約すると、695万
　　円お金が戻ってきます。言い方を変えますと、確かに毎月の保険料
　　は掛捨ての定期保険と比べたら高いですが、60歳で695万円保険
　　料がそっくり戻ってくる、しかも53万円利息が付いて戻ってくる
　　と考えたら、60歳までの保険料はタダということになりませんか？

S　そうか！　毎月の保険料は高いけど、60歳まで払えば保険料にお
　　つりが付いて戻ってくるんですね。そう考えればなんか終身保険は
　　保険料は安いですね。

U　安いは高い。高いは安いんです。定期保険は毎月の保険料は終身保
　　険と比べると安いんですが、満期時には掛捨てで戻ってきません。

S　終身保険はムダがないんですね。

⇒さらに 60 歳以降の保障が必要なことを思い出してもらおう。

U　渋井さん。ご主人の年金は 65 歳まで出ませんよね。

S　そうでした。

U　ですから、当然ご主人は 65 歳までは仕事をされますよね。

S　そうなります。

U　では、60 歳で保険が切れては奥様は困りますよね。

S　もちろん、困ります。

U　65 歳以降の年金は、2040 年問題で年金の価値は 2019 年水準から 2 割下がると予想されています(※)。今、平均的なご夫婦が受け取る年金は月に 22 万円位です。2040 年以降 65 歳になる方はご夫婦で実質的には 17 万円を切ることが予想されます。17 万円以下の年金と退職金・預金の取り崩しで 90 歳まで生きるとしたら、老後資金は足りますか？

※いわゆる年金カット法案で、毎年給付される年金がインフレ対応できなくなり、額面は微増していくが、2040 年以降 65 歳を迎える人は 2019 年現在の水準より価値が 2 割程度下がる問題。

S　足りないですよね。

U　ですから 65 歳以降もなるべく長く働いて、貯金や退職金を温存していけば、完全リタイア後の生活費や医療・介護費用に回すことができますよね？

S　そのとおりですね。

U　となりますと、65 歳以降も奥様にお給料やボーナスを持ってこられるご主人に保険は必要ですよね。奥様？

S　必要です。65 歳以降も働いてくれる主人が亡くなったら、その分生活費がなくなるということですよね。

U　そうです。ですから保障は65歳以降も必要、でも保険料はもう払う必要はないんです。解約しなければ、ずっとこのドル終身保険は奥様を守り続けることができるのです。65歳で解約すると756万円戻ってきます。

S　いいですね。

U　ご主人が頑張って70歳までお仕事するとします。70歳でこの保険を解約すると816万円戻ってきます。さらに75歳解約なら875万円と利息がしっかりついて保険料が戻ってきます。この保険は長く働くお父さんを応援する保険だと思いませんか？

S　そうですね。なるべく長く働いて解約の時期を延ばせば延ばすほど、お金が多く戻ってくるんですね？

U　そのとおりです。これが、保険料をお支払いになるご主人も嬉しい終身保険の2つ目のメリットです。3つ目のメリットは、奥様としては「保障も残してほしい」でもご主人様は「生きているうちにお金を使いたい」この両方を可能にするということです。1,100万円の保険から一部、たとえば500万円は現金で引き出して残りは保険として残すこともできるのです。

S　そんなことができるんですか？

　⇒ここでは、減額とか契約者貸付の話をしてしまうとお客様が混乱する。情報が多すぎては逆効果。3つのメリットとして、分かりやすくシンプルに話すことが大事！

U　はい、1つ目は1,100万円の財産を全部ご主人が死亡保険として残す。2つ目は全部解約してご夫婦で生きているうちに使う。3つ目は1,100万円の保険から一部お金を引き出して、残りは奥様の

ために保険で残しておく。この 3 つの使い方があるのです。

S 先生！ こういう感じで説明をすれば終身保険のメリットが分かり
やすくなるんですね。

U これは基本中の基本。ニードセールスではなく、ウォンツセールス
の神髄がこのトークにあるんだ。まだ、プレゼンの途中だ。次にそ
れでも保険料と考えると定期保険に比べて高くて負担が厳しいとい
うお客様に応酬する話法だ。

S はい、お願いします。でも保険と考えると終身保険は、やはり保険
料負担が定期保険よりずいぶん重いと思うんですけど…。

⇒保険料が高いというお客様にはこんなふうに話してみよう！

U ありがとうございます。それでは考え方を少し変えてみましょう。
17,840 円を保険料の負担と考えずに、毎月ゼネラル生命の口座に
積み立てると考えてはいかがでしょう？ 17,840 円の 30 年間の
積立額合計は 642 万円です。60 歳で解約すると 695 万円すなわち、
53 万円の利息が受け取れるということですね。郵便局、銀行預金
に 642 万円預けて 53 万円も利息が付きますか？

S 付かないですね。

U 単純に積立効果だけでも魅力的でしょ？

S そうですね。

U さらに、この積立口座には 1,100 万円の生命保険がおまけについ
ていると考えることができませんか？

S そう考えると、他の貯蓄をするよりいいかもしれませんね。

U 掛け捨ての保険と別にゼロ金利の預金をするより、効率が良くあり
ませんか？

S　なるほど。保険と貯金を分けてやるよりいいですね。

U　21 世紀は長生き時代、長く働く時代です。長い現役時代を長い保険でお守りし、保険料は一円もムダにしない。インフレにも強いドル建て終身保険を、皆さんにぜひお勧めしたいんです。

　ここで雲上のトークは完結した。

S　すごいです。私も自分の会社のドル建て終身保険に入りたくなりました。

U　ハイ皆様、今回はゼネラル生命様の特別のご提供で限定 100 本です。今すぐお電話ください！　お待ちしておりまーす！　とは、実際規制があるからできねえけどな。

S　でも、テレビショッピングでできたら注文が殺到しそうですね。

U　このプレゼンは、あくまでもお前さんのための練習用だ。金融庁に大目玉をくらっちまうぜ。へへへっ。

S　しっかり練習して、お客様の前でチャレンジしてみます。ところで、なぜドル建て終身保険は円建てに比べてインフレに強いと言えるんですか？

～ドルが円に対してインフレに強い理由（初級編）

U　じゃあ、なんでドルは円に対してインフレに強い通貨なのか、初級編から教えてやろう。あまり難しいことをお客様に話しても伝わらねえからな。冒頭に話したように簡単に言えば、米ドルは「好景気＝物価上昇期」に金利をちゃんと上げてくれる通貨だからだ。円は残念ながら、よっぽどのハイパーインフレ(※)にならない限り金利は上げないだろうな。

S　何で日本の政府はインフレ・増税・円安で物価を上げることを国策
　　にしているのに、銀行金利は上がらないんですか？

U　いい質問だ。簡単に説明するぜ。これは、あくまでも個人的な考え
　　と推察で話しているからな。物価を上昇させることを国策にしてい
　　るのに、なぜ日本の銀行金利が上げられないか？　この理由は2つ
　　ある。1つは、金利を上げると国が困るからだぜ。

S　国が困るんですか？

U　そうだ。日本は1,216兆円（令和3年3月末現在）の借金がある
　　だろ？　借金＝国債だ。10年債なら10年前に発行した国債は今
　　年償還、つまり借金を返済しなきゃいけねえだろ？　でも借りた金
　　は返せるかな…。

　　※ハイパーインフレーション（Hyperinflation）とは、急激に進行するインフ
　　　レーションのこと。

S　そりゃあ、返さなきゃいけませんよね。

U　でも返す財源がねえんだぜ。ならどうするか？　借金を返すための
　　借金をするんだぜ。国債が償還されるとき、つまり満期のようなも
　　のだな。この償還のために発行される国債を借換債（かりかえ債）
　　と言うんだ。令和3年度の新規発行の赤字国債は112兆円で、借
　　換債の発行額はなんと109兆円を超えているんだぜ。合計221兆
　　円だ。

S　借金を返すための借金が109兆円ですか？

U　そうよ。だからな、インフレになっても金利は上げられねえんだ。
　　もし、アメリカみてえに1年で1％も金利上げたらよ、221兆円
　　の1％でも2.2兆円の金利負担増になっちまう。

S　金利だけでも2.2兆円以上ですか…。

U　だから、まず国が困るから金利は上げられねえ。２つ目は、その国
　　債を引き受けているのが銀行・郵便局や生保等の金融機関だ。金利
　　が急に上がると、国債をしこたま持っているその金融機関が困るん
　　だぜ。渋井、金利上昇下では債券価格が下がるってのを生保大学や
　　ＦＰ研修でやったろ。覚えているか？

S　うーん、忘れてます。

U　仕方ねえなぁ。じゃあここから、ちょっと上級編だ。

～金利が上昇すると債券価格は下がる（上級編）

U　渋井、この図表を見てみろ。たとえば３月発売の① 1,000 万円の
　　10 年２％利付債を渋井銀行が買ったとしよう。10 年の利付債だか
　　ら毎年２％の金利を受け取れる。つまり 1,000 万円×２％＝ 20 万
　　円の金利を 10 回受け取れる国債だ。20 万円が 10 回で 200 万円
　　の金利を受け取れる国債だな（図表９）。

図表９　金利と国債の相関関係・その１

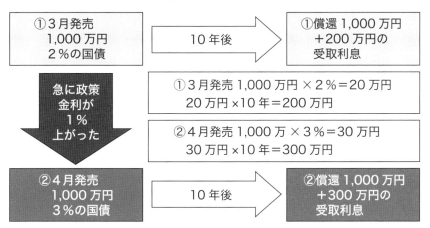

S　私、渋井銀行ですね。

U　そうよ。ところがだ、もし日本もアメリカのように急に１％金利が
　　上昇したら当然、国債の金利も上がるだろう？　もしもだぞ、４月に
　　同じ 1,000 万円の利付債が３％で発売されたらどうなると思う？
　　雲上銀行は今と同じ 10 年債が３％で買えるんだから、1,000 万円
　　×３％で 30 万円の金利を 10 回受け取れるわけだ。30 万円の 10
　　回で、300 万円の金利を受け取れるわけだ。

S　同じ 1,000 万円の国債でも４月発売の方が得ですよね？

U　それが分かるかな？

S　私でもそのくらいは分かります。

U　じゃあ、渋井銀行が持っている２％の国債を雲上銀行に買ってもら
　　おうとしたら、同じ 1,000 万円で買ってくれるか？

S　うーん…。

U　雲上銀行はまっぴら買わねえぜ。４月以降に３％の国債を買えば
　　10 年で 300 万円利息がもらえるだろう？　この図表を見てみろ。①
　　の国債は、10 年で 200 万円しか利息は受け取れねえ。３月と４月
　　の国債を比べて受け取れる金利はいくら違うんだ？（図表 10）

図表 10　金利と国債の相関関係・その２

②４月発売の国債の利息－①３月発売の国債の利息
300 万円－200 万円＝100 万円の損

あなたは①を４月時点でいくらなら買いますか？

1,000 万円→900 万円？
100 万円安ければ買う？

つまり簡単に言えば

金利が１％上がると償還まで 10 年の
国債の価格は 10％下がる。

S　100万円ですね。

U　雲上銀行は①の国債を買ったら100万円損するわけだ。だから、いくらだったら渋井銀行から①の2％の国債を買うと思う？

S　100万円損しないためには、1,000万円－100万円で900万円なら買いますね。

U　ザッツライト！　今、②の3％の国債を買えば10年で300万円儲かるものを、みすみす①の2％の国債なんて買わねえ。買うとすれば100万円安い900万円なら買うということだぜ。

S　先生分かりました。金利が急に1％上がったら、私の持っている10年物の①の国債の価値が900万円に下がる、つまり10％も下がるということですね。

U　いいぞ、渋井。おめえさん、見た目よりいいセンいってるかもよ。

S　ありがとうございます。金利が上がると銀行や郵便局の持っている国債の価格が下がるわけですけど、だからといって物価上昇政策をしているのに、なぜ銀行は金利を上げられないんですか？

U　うひゃ、ほめすぎたな。銀行・郵貯の大量に持っている国債が下がったら銀行・郵貯は営業ができなくなるんだぜ。

S　ええ？　なぜですか？

U　自己資本比率規制ってぇのがあるんだ。ＢＩＳ規制(※)とも言う。

※国際決済銀行（Bank for International Settlements）の常設事務局であるバーゼル銀行監督委員会で合意された、銀行の自己資本比率規制のこと。

S　何ですか。それ？

U　銀行の健全性を保つための自己資本比率が国際的に取り決められているんだ。国際取引をする銀行ってあるだろ？

S　銀行の国際取引って何ですか？

U　簡単に言えば、海外の銀行に送金したり、ドルやユーロ等の両替ができる銀行のことだぜ。どんな銀行が思いつくか？

S　えーと、両替ができる銀行ですから、大手の銀行ですね？

U　メガバンクや地方銀行のことだ。国際取引をする銀行は、８％以上の自己資本比率を保つように決められているんだ。その他海外送金や両替のできねえ銀行はどこが思いつく？

S　えーと、信用金庫とか規模の小さい銀行ですか？

U　てやんで。規模がデカくてもゆうちょ銀行は、外貨の両替はできねえだろ？

S　そうでした。

U　ＪＡバンク、信用組合もあるな。これら国内の取引だけをする銀行の自己資本比率は４％以上という規制があるんだ。その銀行はな、宿命ともいえるんだが、お客様からお預かりしている預金は、銀行にとっては「負債＝他人の資本」なんだ。だから預金獲得活動をするほど自己資本比率は下がるだろ？

S　そうか。私たちが預けている預金は銀行にとっては借金なんですね。

U　ザッツライトだ、渋井。だから銀行はな、この８％、４％をヒイヒイ言いながら維持しているわけだ。ところが銀行は、この自己資本に日本の国債をしこたま仕込んでいるんだ。

S　ああ、先生分かりました。日本の政府が金利上昇させればその国債の価格が大幅に下がりますから、この最低の自己資本比率が維持できなくなるわけですね？

U　渋井、いいぞ、そのとーりだ！　まとめるぞ。物価を上げるのは国策なのに銀行の金利が上がられない理由は２つだ。１つは、金利を上げるとまず金利負担で国が困る。もう１つは、金利を上げると

銀行が営業できなくなる。まぁ、オレ独自の考えを展開したが、以上が日本の金利が上がられない理由だ（図表11、12）。

図表11　日本の金利が上げられない理由・その1

日本の金利は上げられない？
物価を抑えるために急に金利を上げると政府の負担が増大
日銀が景気に対して機動的に金利を上げ下げできない理由

大前提：
日本政府には1,216兆円の借金＝国公債がある（令和3年3月末）
理由1：
金利を上げると国が困る。
新規発行国債112兆円・借換債109兆円＝221兆円（令和3年）
インフレを抑えるために1％金利を上げると、国の毎年の金利負担が2.2兆円増えてしまう。

図表12　日本の金利が上がられない理由・その2

金利を上げると金融機関が困る
物価を抑えるために急に金利を上げると銀行の資産が減る
日銀が景気に対して機動的に金利を上げ下げできない理由

理由2：
金利が上がると金融機関が困る。
金利が上がると金融機関が大量に持っている国債の価格が下がる。
→発行したての10年国債なら政策金利が1％上昇すると、国債の価格が10％下がってしまう。

銀行・ゆうちょ銀行等の自己資本比率が大幅に下がる。
⇒銀行等の営業に大きな支障が出る。営業できない？
　以上2つの理由により、
　物価上昇に日本の金利を上げることは困難。

～アメリカの政策金利が機動的に上下できる理由

S　でも雲上先生、アメリカはなぜ金利を景気によってタイムリーに上

げたり、下げたりできるんですか？

U　おっ、タイムリーときたもんだ。それじゃ、アメリカがなぜ景気によって機動的に政策金利を、なぜ上げたり下げたりできるか教えてやろう。

S　お願いします。

U　まず、アメリカの金融機関は日本と違って、自国の国債つまり米国債なんて持っちゃいねぇんだぜ。大量に保有しているのは、貿易で儲けている国だ。

S　なんで貿易で儲けた国が米国債を大量に持っているんですか？

U　順を追って説明するからな。まず米ドルは世界で一番信用されている通貨なのは知っているな？

S　はい、何となく…。

U　たとえば、日本のメーカーが韓国からテレビの液晶パネルを輸入したら代金の決済はウォンで払うか？　円で払うか？

S　ウォンですか？

U　てやんでぇ、米ドルだ。じゃあ、中国から衣料品を輸入したら代金の決済は元か円か？

S　う〜んと、元ですか？

U　米ドルだ。アラブの王様から石油を買ったら？

S　米ドルですか？

U　Correct answer！　正解だ。

S　ドルがないと、世界から何もモノを買うことができないんですね。

U　そういうことだ。世界の外貨準備における通貨別割合を見ると、米ドル 64.1％、ユーロ 19.9％、円 4.1％だ。ということは、貿易でモノを世界から買ったり売ったりするときに使われる通貨は圧倒的

に米ドルになる。

S　そうですね。

U　だから貿易で儲かったお金は、ドルで集まってくる。しかし、そんな大きな金を預かって、高い金利で増やしてくれる金融機関はないな。

S　えぇ、でもその貿易で儲けたお金＝米ドルは銀行に預けてあるんじゃないですか？

U　とりあえずは銀行に入ってくるわな。でも確実に金利を付けて増やしてくれるのは金利の低い銀行預金より、アメリカ本体に預ける＝米国債が一番だろ？　それで、結局は貿易で儲けたお金で、アメリカが元本と金利を約束してくれる米国債を買いにいくわけだ。

S　なるほど。

U　米国債保有のトップ3だ。貿易で一番儲けている中国が全体の18％、日本が17％、イギリスが4.5％と米国債を保有しているわけだ（図表13）。

図表13　米国が機動的に金利を上下できる理由

米国の中央銀行である連邦準備制度理事会（FRB）が、景気に対して機動的に金利を上下できる理由は？

米国債（＝アメリカの借金）をアメリカはほとんど保有していない。

よって金利を上げてもアメリカの金融機関は困らない？
米国債を保有しているのは、

中国 18％　　　　日本 17％　　　　イギリス 4.5％

なぜ？ ⇒これらの国は貿易で稼いだ米ドルで米国債を買っている。

S　でも、米ドルの金利が上がると米国債を持っている国の米国債の価格が下がるわけだから、米国債をたくさん持っている国は困るん

じゃないですか？

U　おお、確かにその通りなんだが、これは元々貿易で儲けたお金で、安全に預ける場所として米国債を買っているわけだから、金利が上がって一時的に米国債の価格が下落しても、10年物の米国債なら10年後には確実に元本が戻るだろ。貿易をする会社は、銀行のように自己資本比率の規制もないから関係ない。むしろ金利が上がれば、またその都度高い金利の米国債を貿易で儲けたお金で買えるだろ？

S　そうか…。

U　むしろ景気が良いときは、金利をタイムリーに上げてくれる通貨だから、米ドルはさらに信用されるわけだ。それからな、米ドルの本当の強さの理由は国の強さだ。つまり軍事力だ（図表14）。

図表14　米ドルの強さの理由

米ドルが貿易決済通貨として信用され続ける限り

国債は途中で売り買いしなければ、償還時＝満期時には元本と利払いは米国が保証しているので、現金で持っているよりお得。

通貨の信用度＝国の強さ＝軍事力？

貿易決済通貨としてむしろインフレに対して金利を上昇させてくれない通貨は信用されない。

S　軍事力ですか？

U　そうだ。残念だがアメリカは自国の通貨を守るためなら何でもやるんだぜ。これはオレが個人的に入手した情報で真相は不確かだがな、社長さんたちに話すと結構ウケる話だぞ。

S　はい。

U 第2次湾岸戦争の話だ。息子のジョージ・W・ブッシュ大統領がフセイン大統領のイラクに、大量破壊兵器を持っていてけしからんと戦争を吹っかけた歴史があっただろう？

S 私、生まれていましたか？　その頃…。

U てやんでぇ。2003年だから18年前だ。若い子ぶりっ子はなしだぜ。

S すみません。結構最近でしたね。

U 結局、アメリカ有志連合の圧勝で、フセイン政権は消滅したんだが、戦争を吹っかけた理由の大量破壊兵器も化学兵器も見つからなかった。実は、アメリカにとっての本当の脅威は別にあったという話なんだ。

S 別にというと…？

U ロシアとフランスがフセイン大統領と密約を結んで、石油パイプラインをイラクからロシア、フランスに引いて、石油の決済代金はなんとユーロでやろうという密約があったとか、なかったとか。噂だがな、そのロシアとフランスは、あの湾岸戦争に最後まで反対して有志連合に加わらなかっただろう？

S そうでしたっけ…。

U もしも、その密約が本当に実現していたら、アメリカにとっては大量破壊兵器より脅威になるんだ。ユーロが貿易決済通貨として力をつけてきて、米ドルの地位が低下したら、今まで通り米国債を買ってくれる国が大幅に減っちまう。これはアメリカにとっては大量兵器以上の脅威だ。

S ドル対ユーロの戦いにドルが負けるということですね？

U そのとおりだ。そもそもアメリカ人には、為替リスクとか貿易とかという感覚がないんだぜ。ニューヨークに住んでいるアメリカ人が

カリフォルニアからネットでオレンジを買うのも、日本からネットでカメラを買うのも全く同じ感覚だ。

S　アメリカの人は輸入という感覚がないということですか？

U　そりゃそうだろ？　なんてったって、すべて決済は米ドルだからな。米ドルが世界の基軸通貨（一番信用されている貿易決済通貨）であり続ける限り、為替リスクなんてアメリカ人にはねえんだぜ。世界から自国の通貨で何でも買える。だから為替リスクなんて関係なく、金が足りなくなりゃ、米国債を刷りまくって海外に買わせる。借金は外国に肩代わりしてもらって、世界中からどんどん欲しいものを買うんだ。

～米ドルの強さの本質を説く

S　何かそれ、ずるいですねえ。

U　それが、アメリカの国力よ。ところが、中東の国が石油代金の決済をユーロでやられたら、そんな勝手なことができなくなるだろ？米国債が売れなくなる。それで大量破壊兵器だ、生物兵器があるとか難癖をつけて飛行機、ミサイル、戦車を投入してフセイン政権そのものをぶっ壊しちまった。そのあとのユーロの弱体化を見れば、ひょっとしたらこの噂まんざら嘘でもねえなって気がしねぇか？

S　確かに、本当っぽい話ですね。

U　自国の通貨の地位を守るためなら軍事力にモノを言わせて徹底的にやる。これが米ドルの強さの本質かも。ここまで話した内容は、オレ独自の見解だぜ。とにかく、ドルの信用力は、実際にインフレのときに機動的に金利を上げてくれ、不況のときには逆にドーンと金利を下げ、景気が良くなってきたらまた金利を上げる。論より証拠だな。このグラフを見やがれ（図表15）。

図表 15　米国の政策金利の推移

日本でもガソリン価格が毎日のように上がった 2007 ～ 2008 年

インフレに対して米国は政策金利を機動的に上げることができた。

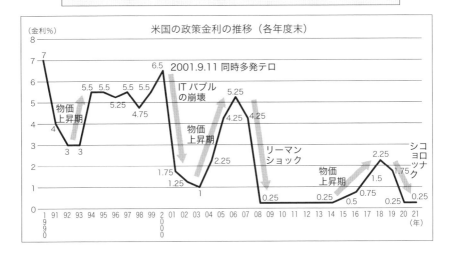

U　アメリカの中央銀行である FRB（連邦準備理事会）(※)は、どうでぇ。景気の良いときはぐっと金利を上げているだろ？　逆に IT バブル崩壊、9.11 テロのとき、リーマンショックの後はどっと下げている。しばらくゼロ金利が続いたが、2015 年位からまた金利が上昇しているだろ？　このように米ドルという通貨は、景気の上昇下降に対して機動的に金利を上げ下げできる通貨だということが証明できるだろ？

S　本当ですね。このグラフ説得力がありますね。

U　じゃあ、今度はわが国日本の中央銀行である日銀が同じ時期の政策金利（日銀が市中の銀行に貸し出す金利）はどうなっているかこのグラフを見てみろ（図表 16）。

※ FRB は「The Federal Reserve Board」の略で、アメリカの中央銀行制度の最高意思決定機関。「連邦準備制度理事会」とも呼ばれている。

図表 16 日本の政策金利の推移

日本ではアメリカでテロが起きようが、リーマンショックが起ころうと政策
金利はまったく動かなかった。

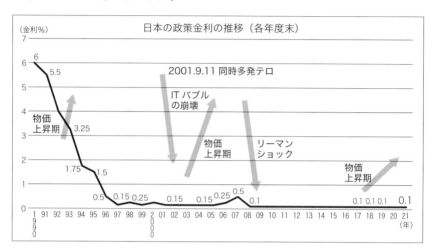

U オレがこの業界に入った 1990 年位は良かった。郵便貯金の金利が
7％も8％もあった時代だ。ここからバブルの崩壊後日本の金利は
どんどん下がり、1996 年以降はアメリカでテロが起きようが、リー
マンショック前のアメリカのバブル時代でも日本の金利はどう
でぇ、べた凪だろ？

S 本当ですね。

U 国は今後も物価を上げることを基本政策にしているのに、銀行の金
利は上げられねぇのが円という通貨だ。日本人がドルの商品を買う
のはもちろん為替リスクはある。あるが、インフレのときに全く金
利が上げられねえ円で、老後の資産形成なんてしちゃあいけねぇ。
渋井、これをお客様にお見せして、円か米ドルの商品を選択してい
ただくんだぜ！

S これなら自信を持ってお客様に提案できます。

U　聞いて分かるのと、お前さんがお客様に感動的に伝えられるという
　　のとは、全く違うんだぜ。しっかりとロールプレーを繰り返して身
　　に付けるんだ。

S　ありがとうございます。

レッスン3 ···

必要保障額の説明トーク

～４つの資金についての説明スタート

　渋井は翌日、山中和夫（Ｋ＝やまなかかずお）（27 歳）、山中良子（Ｒ＝やまなかりょうこ）（26 歳）夫妻の家を再度訪ねた。いよいよ提案するときがきたのだ。

S　山中さん、今日は４つの資金についてお話したいと思います。こちらの図表をご覧ください。１つ目は長い現役時代にご主人が万が一のときに死亡保障はどのくらい必要か、というお話です。２つ目は老後の資産形成についてです。厚生年金の話もさせていただきます。３つ目は医療費の問題です。健康保険で今後どのくらいのサービスが受けられるか。また良いお医者様、体にやさしいがん治療のお話もさせていただきます。最後の４つ目は介護のお話です。公的介護保険のサービスは今後どうなるのか、介護費用の自己負担はどのくらい覚悟しなくてはいけないのか、ということです（図表 17）。

図表 17　生涯で必要となる４つの資金

1．長い現役時代の保障	万が一のときどのくらいの保障が必要か？
2．老後の年金・貯金	長生き時代を楽しく生きるための資金
3．医療費	健康保険の問題・良い医者・良い治療
4．介護の保障	介護保険はどの程度役に立つのか？

K　はい、よろしくお願いいたします。

S　まず、ご主人様が万が一亡くなったとき、どのくらい保険を残しておけばよいでしょうか。こちらをご覧ください（図表18-1）。実は、山中さんは国の生命保険にたくさん加入されているんですよ。

図表18-1　公的年金制度と支給額

K　国の保険なんかに入った覚えはないですけど…。

S　今、3歳と5歳のお子様がいらっしゃる山中さんに万が一のことがありますと、厚生年金の遺族年金から、奥様にはお子様が18歳まで4階建ての年金を受け取ることができるんですよ。

R　こんな保険に入っているんですか？　知りませんでした。

　妻の良子が強い関心を持った。

S　実はほとんどの生命保険のセールスマンは、この遺族年金の保障の話をしないんです。

R　それはなぜですか？

S　理由は簡単です。この話をすると生命保険が売りにくくなるからです。

R　そうですか。で、月にいくらくらいもらえるんですか？

S　平均標準報酬月額35万円(※)の方は、月に14万9,000円くらいです。

S　少ないと思われるかもしれませんが、奥様が老齢年金を受け取る65歳までの合計は、約5,000万円になります。

R　5,000万円ですか？　結構もらえるんですね。

S　そうです。山中さんは民間の生命保険に加入する前に国の保険に5,000万円入っているということです（図表18-2）。

※平均標準報酬月額＝賞与を含めた平均月収。

図表18-2　遺族年金の受取額

妻30歳　　　　　　　　妻45歳↑　↑妻47歳　　　　　↑妻65歳
長女3歳　長男1歳　　長女18歳↑　↑長男18歳

K　みんな、この国の保険があることを知っているんですか？

S　そこなんですよ。この国の保険がすでに5,000万円もあることを知らずに、生命保険に加入されていらっしゃる方が多いんです。

K　それなら、大きな生命保険に入る必要はないんじゃないですか？

S　その通りです。ですから、この国の保険に不足する分を民間の生命保険で補填するという考え方でお勧めしたいんです。

K　渋井さんはよく勉強されているんですね。

S　ありがとうございます。こちらの図表をご覧ください。山中さんの
　　年間の手取り収入はおいくらくらいですか？（図表19）

図表19　今後の収入と必要資金

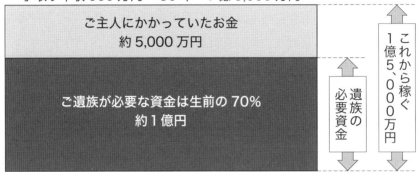

手取り年収500万円 ×30年＝1億5,000万円

ご主人にかかっていたお金
約5,000万円

ご遺族が必要な資金は生前の70％
約1億円

遺族の必要資金

これから稼ぐ1億5,000万円

K　手取りだと500万円くらいかな。

S　ありがとうございます。これからもっと増えていかれると思います
　　が、仮に今後30年間この収入が続きますと、60歳までの総収入
　　は1億5,000万円になりますね。

K　はい。

S　では、万が一のときには、この1億5,000万円をすべてご家族に
　　残す必要はありませんよね。ご主人様が使うと思われる資金は
　　30％くらいですから、ご家族の必要資金は70％の約1億円です。

K　なるほど。自分が死んだら僕の生活費はいらないからですね。

S　万が一のときはそういうことになります。あくまでも、万が一のと
　　きですよ。

　　渋井は山中の表情をちょっと心配している。

K　分かっています。大丈夫ですよ、渋井さん。

S　ありがとうございます。ご遺族が必要な資金は１億円になります。

K　１億円残してあげればいいんですね？

S　いえ、では今度はこの図表をご覧ください。ご家族の必要資金１億円をすべて生命保険で準備する必要はありません。すでに準備されている国の保険（遺族年金）や、市町村の福祉で得ることのできる金額を引くことができますよね？（図表20）

図表20　遺族の必要資金の内訳

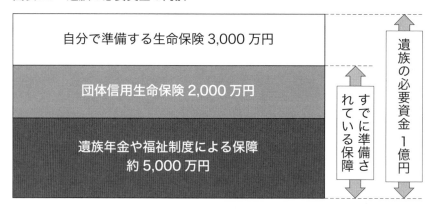

K　市町村の福祉といいますと？

S　はい、郡部にはないところあるようですが、俺ヶ崎市のような普通の市内にお住いの方は、母子家庭の医療費は末子のお子様が18歳の３月末を迎える前までは、母子ともに健康保険料や自己負担の３割部分も負担がなくなるんですよ。山中さんは立派な会社にお勤めですから、現在の健康保険料は会社と折半ですが、山中さんが亡くなり国民健康保険に移ると、普通は保険料が倍近くに増えます。

K　折半してくれている会社負担分がなくなるからですね。

S　そうなんです。母子家庭はその健康保険料の負担がなくなります。さらに病気やケガをして病院にかかったときの３割の自己負担もなくなります。保険料と自己負担の免除で月３万円から４万円の生活

費が助かるわけです（市町村によって異なる場合がある）。

K　渋井さんは社会保険に強いんですね。

　山中は、渋井の社会保険に対する知識に関心している。

S　ありがとうございます。ちゃんと、俺ヶ崎市役所に行って調べてきたんです。小中学校の給食費も免除されますから、お２人で月１万円位負担もなくなるわけです。さらに、遠足代や修学旅行の積立等もなくなりますから、5,000万円以上は社会保障で準備されていることになるわけです。

K　こんな話、前の担当者は教えてくれなかったよ。5,000万円以上も国の保険や福祉があるなら安心ですよね。

S　そして山中さんは今、ご自宅のローンを返済されていますよね？

K　はい、頑張って返済しています。

S　そうしますとローンを契約されたとき、団体信用生命保険にお入りになりましたよね？　つまり、万が一山中さんがお亡くなりになったときに返済を一切しなくてよくなる保険です。

K　ああ、入ったと思うよ。

S　であれば、失礼ですがローンの残高は2,000万円位おありですか？

K　ああ、まさにそのくらいです。

S　その2,000万円の借金は、万が一のときには返済しなくていい生命保険にご加入されてますから、必要資金から引けますね。ですから、ご家族に残す１億円から、遺族年金や福祉から受け取れる5,000万円と団体生命保険2,000万円を引いた残り3,000万円が、ご自分で用意する保障額になるのです。

K　3,000万円くらいあれば、僕が生きていたときと同じ生活を、家族が続けることができるということですね。

S　はい。この国の保障や福祉制度、そしてローンの保険がなくて3,000万円が必要保障額ですと言われたら奥様もご心配ですよね。

R　(妻＝良子) 確かに3,000万円だけで大丈夫と言われたら心配ですね。

S　でも、トータルで1億円の保障になることをご理解いただけましたか？

R　とても分かりやすいです。でも、すでに入っている保険の話をされたら、渋井さんは保険が売れなくなってしまいますね。

S　いいえ。私のポリシーなんですよ。ムダな保険料は一切いただかないんです。すでに準備されている保障で不足しているものを、民間の生命保険で補うという考え方です。

R　とっても説得力がありますね。

S　ありがとうございます。でも、ご自分で準備する3,000万円の保険がいつまで必要かということです。60歳で切れたら、まさにご主人様のお父様のような悲劇が起きてしまいます。先日お話ししたように、60歳から65歳まで年金は一円ももらえませんから、ご主人様は当然60歳以降もお仕事を続けられますね？

K　もちろんです。

S　では、奥さま。60歳以降もお仕事をされ、お給料を持って来られるご主人様に生命保険は必要ですよね？

R　そうですね。

S　65歳で支給されるご夫婦の厚生年金は、年金カット法(年金改革法)が成立していますから2040年以降に65歳を迎える方は、今の年金水準から価値として2割位減るという予想があります。これは2040

年問題と言うのですが、平均的なご夫婦が受け取る厚生年金は22万円位ですが、21年末は今の価値では18万円以下になるのです。

※年金カットといっても支給額は減らない。インフレに対応させなくなったので、将来の実質価値が今より減っていく仕組みになった。

K　はぁ…、18万円じゃあ暮らせないですね。

S　ですから、山中さんは65歳以降も元気で働いていただく必要があります。今の政府は75歳まで現役で税金、社会保険料を払ってもらう社会を狙っているんですよ。

K　でも、70歳75歳まで働かなければならないなんて大変だし、ちょっとイメージわかないなあ。

～長い保険の必要性を説く

S　生命表でご覧いただいたように、昔の60歳は今の84歳ですから今の60歳代は昔の40歳代、今の70歳代は昔の50歳代イコール働き盛りということなんです。

K　寿命が20年以上延びたからそういうことになるんですね？

S　ですから、65歳以降も働いて欲しいといわれる存在のために、山中さんにはさらに専門能力を磨いていただきたいんです。

K　まいったな、渋井さんは人生の先生ですね。

S　先生なんてとんでもないです。ということで長生き時代は長く働く時代です。長く働く時代の生命保険の満期は60歳では相当お困りになるということなんです。山中さんが長く働いていただく間は、この3,000万円の保険はずっと続く必要があるんです。そこでこちらをご覧ください（図表21）。

図表 21　保険はいつまで必要か

> ### 60 歳から 65 歳まで年金は一円も出ません。
>
> ### 65 歳からもらえる年金は夫婦で 18 万円以下です。
>
> **お父さんお母さんが働いている間は、
> 保険が必要ではないでしょうか?**
>
> **長生き時代＝長く働く時代＝長い保険**

K　そのとおりだね。60 歳で保障が切れてしまっては、私の父と同じ
　　悲劇になってしまうからね。

S　はい。奥様のためにもインフレに負けない長い保険が必要だという
　　ことです。

R　インフレに強い保険ってあるんですか?

S　長い保険の最大の欠点はインフレに弱いということなんです。こち
　　らの図表をご覧ください。「72 割るの法則」といいまして、72 を
　　インフレ率で割ると何年後に財産の価値が半分になるか簡単に計算
　　できるんです。たとえば 2 ％で割りますと 36 ですから山中さんは
　　今 27 歳ですから 36 年後は… (図表 22)。

K　63 歳ですね。

S　もし 2 ％のインフレが 36 年続くと、せっかくの 3,000 万円の終身
　　保険が、山中さんが 63 歳のときには価値が半分の 1,500 万円になっ
　　てしまうということです。ずっと 3,000 万円の保障が続いても、
　　インフレに対抗力がないと、イザというときに役に立たなくなって
　　しまいます。

K　それは、困るなぁ。

S　そこで、インフレに強い保険としてドル建て終身保険をお勧めしま

図表22　72割るの法則とは

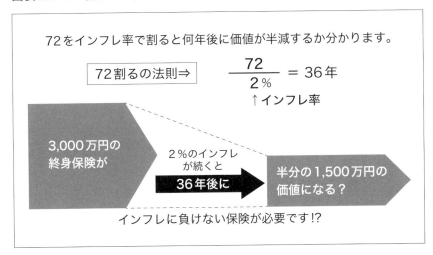

72をインフレ率で割ると何年後に価値が半減するか分かります。

72割るの法則⇒　　$\dfrac{72}{2\%}$ = 36年
↑インフレ率

3,000万円の
終身保険が

2%のインフレ
が続くと
36年後に

半分の1,500万円の
価値になる？

インフレに負けない保険が必要です!?

す。

K　ドル建て終身保険ですか？

　渋井は、雲上に習った通り、なぜドル建て終身保険がインフレに強い
保険なのかを山中夫妻に説明した。

レッスン4

ドル終身保険のプレゼンテーション・その1

～老後の生活費、医療費、介護費用を同時に賄う

S　山中さん。今日ご提案するプランは、ドル建ての終身保険を中心に
　　したプランで、長期の死亡保障だけではなく、老後の生活費、医療
　　費、介護費用を同時にご準備いただけるものです。こちらをご覧く
　　ださい（図表23）。

図表23　ゼネラル生命の山中夫婦への提案内容

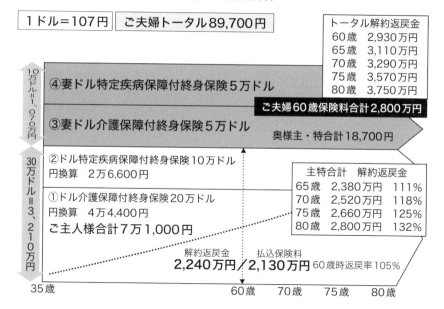

K　はい。

S　今回のプランは4階建てになっています。1階部分は①20万ドル
　　の介護保障付終身保険です。2階部分は普通の②10万ドルの特定
　　疾病保障付終身保険です。1階と2階部分で30万ドルの保障にな
　　ります。1ドル107円で計算すると、約3,210万円の一生涯の死

亡・高度障害の保障が続きます。ドル建て終身保険はもちろん為替リスクはあります。これについては後ほど説明させていただきます。

K　あ、うん。

S　まず1階部分ですが、この終身保険は死亡・高度障害以外に公的介護保険の要介護2と診断されたら、ご主人が生きているうちに20万ドル＝約2,140万円が受け取れます。次に2階部分は②特定疾病保障付終身保険で、普通死亡・高度障害の他にがん・急性心筋梗塞・脳卒中と診断されましたら、その時点で10万ドル＝約1,070万円のお金がご主人の生きていらっしゃるうちに受け取れる保険です。1階と2階までのご主人の保険料は月71,000円になります。

K　結構高いなあ。

S　はい、結構お高いです。でも60歳以降、一切保険料は払う必要はございません。60歳までの保険料は2,130万円で、約3,210万円の一生涯の保障が買えるわけです。この終身保険には3つのメリットがあります。1つ目はドルベースで、2,130万円の投資で3,210万円の財産を確実に奥様に残すことができます。いかがですか？投資対効果で考えますと、奥様にとっては2,130万円の投資で3,210万円のリターンです。

R　いいですね。

K　ちょっと待ってよ。それは、僕が死んだら…ですよね？

S　はい、その通りです。2,130万円払うのはご主人で、3,210万円受け取るのは奥様ですから、受け取れないご主人は面白くないですか？

K　2,130万円も払って1円も受け取れないんじゃ面白くないね。

R　私は嬉しいけど。

K　冗談はやめてくれよ。まあ、良子は僕より長生きするだろうから、

受け取る確率は高いよね。

S　そこで、この終身保険の2つ目のメリットです。今度はご主人も嬉しいメリットです。60歳で解約すると2,240万円保険料が戻ってきます。払う保険料は2,130万円で戻りが2,240万円ですから60歳までの保険料は全部戻ってくる。つまりタダで保障を得たことになりますね。しかも110万円も利息がついてくるわけです。

K　それって本当ですか？

S　はい、設計書は金融庁に届けていますので、ウソだったら大変です。これを老後の資金2,000万円不足問題を解決する資金として、お2人で使うこともできます。

K　それはいいね。

S　はい、でもこの保険60歳で解約できますか？

K　そうだ、できないよね？

S　はい、山中さんの年金は60歳から65歳まで1円も出ませんから、当然60歳から65歳まではお仕事されますよね？

K　もちろんだよ。

S　お仕事されてお給料を持って帰って来られるご主人に奥様、保険は必要ですよね？

R　はい。

S　でも保険料は、60歳以降1円も払わずに奥様は3,210万円の保障に守られるんです。

R　すごい。

S　65歳までご主人には頑張っていただくと、65歳時の解約金は2,380万円と5年でまた140万円増えているんです。でも65歳でこの保険解約して大丈夫でしょうか？

K　だめですか？

S　はい、申し上げているように年金カット法案で2040年以降厚生年金を受け取るご夫婦は、今の水準の2割減になる試算がありますから、18万円以下の年金で生活はできますでしょうか？

K　そうでしたよね？

S　65歳以降も当然お仕事を続けていただきませんと、楽しい暮らしができませんよね？

K　今の60歳は昔の40歳だったよね。当然働くよ。

S　その通りです。山中さんが70歳までお仕事を続けていただく間も1円も保険料は負担することなしに、奥様は3,210万円の保険で守られます。

R　いいですね。

　良子は、保険料の負担は大変だが、60歳以降の人生を考えるとこれはすごい解決策だと感じている。60歳以降保険料の負担なしに自分の生活が長い間守られていく終身保険の内容に魅力を感じた。

S　70歳で解約されると2,520万円とまた5年で受け取れるお金が140万円増えています。もしも75歳までご主人に頑張っていただきますと2,660万円と受け取れるお金がどんどんと増えますので、これは、長く働くご主人を応援するプランだと思いませんか？

K　そうか、頑張る僕を応援するプランなのか！

S　特約の②の保障についてご説明します。がん・心筋梗塞・脳卒中と診断されたら、入院日数や通院日数に関係なく10万ドル、約1,070万円を受け取ることができる保険です。

K　それは、いいね！

S　こちらをご覧ください。2000年から2020年までは実際の医療費
　　用で2025年から2050年までの医療費の推移予想です。2025年
　　の国民医療費の総額は50兆円になる予想です。50兆円といって
　　もピンときませんね（図表24）。

図表24　年々増える医療費負担

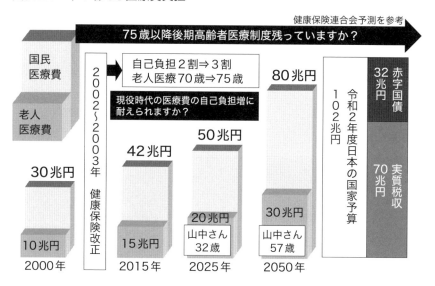

K　はい。

S　令和2年度の税収が70兆円ですから、2025年には医療費だけで
　　税収の71％を超えるということです。

K　それは大変ですね。

S　さらに25年後の2050年には、医療費の総額が国家予算に近づく
　　ということなんです。山中さんはおいくつになっていますか？

K　えーと、57歳かな。

S　まだまだ現役バリバリですよね。3割の自己負担で今と同じ健康保
　　険のサービスが受けられるでしょうか？

K　難しいでしょうか…？

S　75歳以降の方が受けられる後期高齢者医療制度を山中さんが受けられるのは、さらにその18年後です。今と同じ制度が残っているでしょうか？

K　それも難しいでしょうね。

S　この国民医療費の増加を避けるために、国は、とにかく医療費抑制策を続けていきます。医療費を一番減らすには入院日数を減らすことですからね。この20年位で日本人の入院日数は10日間も減っています。

K　10日間もですか。

S　ですから、入院日数や通院日数に対して払われる医療保険が役に立たないケースが起きているんですよ。

K　なるほど。

S　そこで、この②のドル特定疾病保障特約を付けたわけです。山中さん、こちらをご覧ください。今、がんで入院され手術を受けても10日間も入院させてくれないケースで、その後は通院で抗がん剤治療を受ける場合が多いらしいです（図表25）。

K　そうなんですか…。

S　抗がん剤治療は、随分少なくなったとはいえ副作用があるので、もしお仕事ができなくて自宅療養すると欠勤になります。1ヵ月以上欠勤すると、健康保険から傷病手当金という、いわば給料サポート保険のようなお金がもらえます。でもこの金額は、お勤めの会社の健康保険組合（健保組合）によって変わります。基本の支給額はお給料（標準報酬月額）(※)の60％です。

　　山中さんのような大きな会社にお勤めの方は、付加給付といってお給料（標準報酬月額）の85％給付される健保組合もあります。

付加給付がない企業にお勤めの方で、標準報酬月額が 40 万円の方の例が図表 25 です。ポイントは、療養中で傷病手当金を受給中でも住民税は前年の所得に課税されるということなんです。給与サポート（傷病手当金）を受けているときも社会保険料は引かれます。

※標準報酬月額＝ 4 月 5 月 6 月に支給される月額給与（各種手当や残業代も含む）を平均して計算される金額で、これが社会保険料や保険給付の計算の基になる。

図表 25　抗がん剤治療と給付金・その 1

標準報酬月額	400,000 円	傷病手当金	240,000 円
源泉税額	11,850 円	所得税	0 円
住民税	18,900 円	住民税（前年の所得で課税）	18,900 円
健康保険料	20,295 円	健康保険料	20,295 円
介護保険料	3,546 円	介護保険料	3,546 円
厚生年金保険料	37,515 円	厚生年金保険料	37,515 円
		高額医療費（3 ヵ月目まで）	87,100 円
		高額医療費（4 ヵ月目以降）	44,400 円
手取り額	307,894 円	手取り額（3 ヵ月目まで）	72,644 円
		手取り額（4 ヵ月目以降）	115,344 円

K　えっ、休職中でも社会保険料は取られるんですね？

S　そうなんですよ。ところでオプジーボ（※）という抗がん剤はご存知ですか？

K　いえ、知りませんけど…。

S　オプジーボは、直接がん細胞を攻撃する薬ではなく、がんをやっつける免疫細胞を元気にする薬で、近年注目されている抗がん剤です。ですが、年間の薬代が約 800 万円もかかるのです。

K　えーっ、そんな薬、使えませんよ。

S　3 割負担としても 240 万円です。

K　それにしても高額ですね。

　　※オプジーボは「免疫チェックポイント阻害薬」と呼ばれるがん治療薬で、一般名は「ニボルマブ」。

S　ただ、ご安心ください。高額療養費制度というものがありまして、月に87,100円を超えた治療費は健保と国が肩代わりしてくれるんです。療養４ヵ月目からは自己負担額が44,400円に下がりますので、この薬にそんなに支払う必要はないんです。

K　でも毎月４万円、８万円かかるだけでも大変ですね。

S　その通りです。図表25の例ですと、手取り収入が30万7,894円の人がこの薬を投与した場合、最初の３ヵ月は手取りが何と72,644円、４ヵ月目からでも115,344円になってしまいます。

K　それじゃ、生活できませんね。

S　はい。山中さんのような大きな会社の健保組合ですと付加給付があります。図表26がその例です。傷病手当金がお給料の85％給付され、高額療養費の自己負担も25,000円以上の負担はありません。

図表26　抗がん剤治療と給付金・その２

標準報酬月額	400,000 円	傷病手当金（付加給付 85%）	340,000 円
源泉税額	11,850 円	所得税	0 円
住民税	18,900 円	住民税（前年の所得で課税）	18,900 円
健康保険料	20,295 円	健康保険料	20,295 円
介護保険料	3,546 円	介護保険料	3,546 円
厚生年金保険料	37,515 円	厚生年金保険料	37,515 円
		高額医療費（３ヵ月目まで）	25,000 円
		高額医療費（４ヵ月目以降）	25,000 円
手取り額	307,894 円	手取り額（３ヵ月目まで）	234,744 円
		手取り額（４ヵ月目以降）	234,744 円

K　はぁ、そうなんですか。うちの会社の健保組合にそんな仕組みがあるとは知りませんでした。

S　はい。事前に山中さんの会社の健保組合のホームページで調べてきたんですよ。

K　へー。会社の健保組合のホームページなんて見たことないな。

　山中は、渋井の話す社会保険の情報は知らないことばかりで驚いている。妻の良子も感心している。

S　でもご覧ください。やはり長期療養になりますと、**図表26**の通り手取り収入が234,744円と毎月73,150円の収入減になります。やはり生活に支障が出ますよね？

K　そうですね。困りますね。

S　ですから、このように長期欠勤で療養される可能性の高いがん・心筋梗塞・脳卒中と診断されたら、入院日数や通院日数に関係なく約1,100万円、つまり約2年分の収入が生命保険で給付されたらどうですか？

K　それは助かりますよね。

S　これが、**図表23**にある②ドル特定疾病保障特約をお勧めする理由です。治療費や収入減を心配することなく2年間療養に専念できます。さらにご主人の①の20万ドルの終身保険には、死亡・高度障害の他に公的介護保険の要介護2と診断されますと、その時点で20万ドルが受け取れますので介護の備えもあります。

K　いいですね。

S　③④は、奥様の保障です。死亡・高度障害で10万ドル＝約1,070万円の保障があります。ご主人と同じように入院や通院日数にかか

わらず、三大疾病に罹患した、もしくは公的介護保険の要介護2と診断されたら、一度に5万ドル＝約535万円を受け取ることができきます。

R　私も安心ですね。

S　はい。60歳までのご夫婦の保険料の合計が2,800万円です。60歳でご夫婦の保険をすべて解約すると2,930万円戻ってきます。払い込む保険料は、インフレに負けない積立と思えばどうでしょうか？　65歳で3,110万円、70歳で3,290万円と5年ごとに180万円増えています。山中さんは、60歳で一度退職金を受け取ってから70歳まで頑張ってお仕事をされたら、もう一度自分退職金を3,000万円以上受け取ることができるんです。もちろん、ドルベースですから為替リスクはございますが。

K　確かに保険料と考えれば高いですが、老後の積立と考えればいいかも…。

S　70歳で完全リタイアしたら、この3,000万円を原資にして年金で受け取ることもできるんです。

K　そうか、70歳からは厚生年金とこの保険で2階建ての年金をもらうこともできるんだね？

S　そうなんです。いかがでしょう？　①長い現役時代のインフレに負けない長い3,000万円の保障。②やはりインフレに負けない2,000万円以上の老後の資金が貯まります。③健康保険で賄えないご夫婦の医療費の準備。④そして介護の備え。将来ご心配なこの4つの資金がすべてこのプランで準備できるんです。

～ドル投資における為替リスクを説く

S　でも、いいことばかりではありません。ドル投資にはもちろん為替
　　リスクがございます。

K　やはり、リスクがある商品は怖いですね。

S　はい、ではこの為替リスクについてご説明いたします。こちらの図
　　表をご覧ください。危険という単語を英語で言うと2つあります。
　　1つはデンジャー（Danger）で予想できない危険で、起きたら全
　　く対処ができない危険を言います。地震・落雷・宇宙人の襲来です
　　（図表27）。

図表27　2つの危険＝デンジャーとリスク

K　ハハハ、宇宙人の襲来ですか？

S　「地球人に告ぐ、君たちは征服された」なんてね。

K　面白いですね。

S　はい、すみません。地震・落雷・宇宙人の襲来は予期できなくて起
　　きたらお手上げですね？「対処できない危険＝デンジャー」です。
　　もう1つの危険は「リスク（Risk）」で、これは予想がある程度でき、
　　起きたら対処ができる危険を言います。為替は、為替デンジャーと

言わず為替リスクと言います。つまり、円高も円安もある程度予想ができて、起きたら対処ができる危険なんです。こちらをご覧ください（図表28）。

図表 28　為替リスクの例 その１（円安のとき）

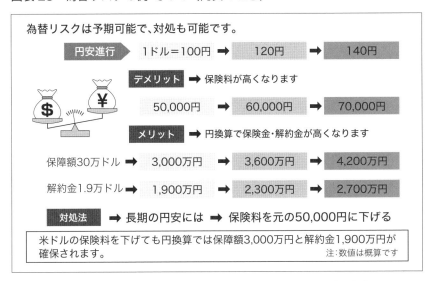

S　今、１ドル100円とします。ドル保険30万ドルの保険金は3,000万円で、保険料は５万円です。60歳での解約金は1,900万円です。円安が進行して、１ドルが120円、140円となると困ることが起きます。保険料が６万円、７万円とどんどん高くなるのです。

K　それは困るね。

S　はい、でも同時にいいことも起きます。円換算で3,000万円だった保障額は、3,600万円、4,200万円と上がっていきますし、1,900万円だった60歳時の解約金も2,300万円、2,700万円とドルを円に換えれば上がっていきます。ですから、円安で保険料が上がった分、保険の価値が上がっていくのです。

K　でも、７万円の保険料なんて払えないな。

S　はい、保険料が上がれば保険の価値が上がりますので、ある程度は

頑張っていただきたいんですが、極端な円安になったときには対処できますので、ご相談ください。

K　どう対処するんですか？

S　極端な円安で保険料のお支払いが厳しくなったら、保険料をお支払いいただける金額まで、保険を一部解約することができます。

K　そんなことができるんですか？

S　はい。専門的には減額と言います。

K　それで、保険料を下げたらどうなるんですか？

S　たとえば、1ドル140円のときに保険料を4割、元の5万円に下げても、保険の価値が4割上がっていますから、円換算で保障は3,000万円、60歳解約金も1,900円確保できます。

K　そうか、円安で4割保険料が上がると保険の価値も4割上がるから、保険は同じ3,000万円の価値になるということですね？

S　おっしゃる通りです。では、逆に円高になったときを見ていきましょう（図表29）。

図表29　為替リスクの例 その2（円高のとき）

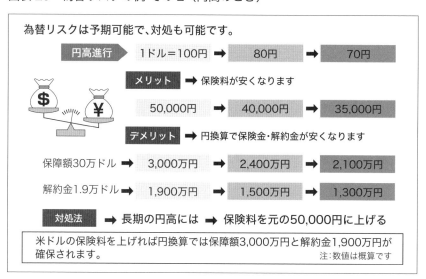

S　今度は1ドル80円、70円と円高になりますと、一見良いことが起きます。保険料が円換算で、4万円、3万5,000円と下がっていきます。

K　円高になると保険料は安くなるんですね。

S　でもデメリットもあります。30万ドルの保障額が円換算で2,400万円、2,100万円と下がります。60歳解約金も1,500万円、1,300万円と下がります。

K　それは困りますね。

S　はい。極端な円高が長く続くようでしたら私が伺います。「山中さん。保障や将来の解約金が減っていますよ」ということで、保険を元の5万円の保険料相当額まで買い足していただきます。このように、「為替リスク＝長期的な円安や円高」には対処できますのでご安心ください。

K　でも、やはり面倒なんだなぁ…。

S　はい、この保険には特に良い担当者が必要ですし、ご面倒な点もございます。ですが、このリスクをお取りになることで、長期3,000万円の保険料が円建てのものより4〜5割安く、予定利率は4〜6倍高く、インフレに強い財産となる保険を手に入れることができるんです。それともこのプランより4〜5割保険料が高くて、予定利率も4分の1以下の円建ての終身保険を希望されますか？

S　いや、こっちの方がいいね。

R　問題は89,700円の保険料よね。

S　はい、先ほども言いましたように、保険料プラス老後資金の積立とお考えになったらいかがでしょう。山中さんは今までご自身の保険には加入されていませんでしたが、私からでなくてもご家族を守る保険として、いくらくらいならお支払いになれますか？

K　まあ、2万円が限度ですね。

S　そうですか。今、財形は月にいくら積立されていますか？

K　3万円です。

S　もし、今から30年3万円を積んだとしても1,080万円しか貯まりません。老後2,000万円問題を解決する額の半分しか貯まりませんね。つまり、財形で27歳の今から60歳までに2,000万円を貯めるとすると、月約5万円の積立をしなくてはならないのです。

K　月5万円の積立か…。

S　その他にご家族のための保険料も払うとすると、2万円＋5万円で月7万円になります。この保険＋積立をゼネラル生命を使って始めると、ご主人の分だけで月71,000円で60歳時に2,240万円貯まります。しかも65歳、70歳と頑張る山中さんを応援するように、5年ごとに140万円ずつ増えてくる口座としたらいかがでしょう？

K　うーん。そう考えるのか…どうしようか…。

　　山中は大蔵大臣である良子に決断を委ねたいようだ。

R　そうね。ゼロ金利の財形よりはずっといいんじゃない？

S　はい、しかもこの口座には奥様を一生涯お守りする生命保険が付いています。お支払いは60歳以降は一円も必要ありません。さらにご夫婦の医療保障、介護への備えも万全です。ご主人様がおっしゃるように、保険料の限界は3万円としてあと6万円はドルベースですが、2,930万円貯まる積立とお考えにはなれませんか。財形で2,000万円貯めるなら、保険料の他に月5万円の積立が必要です。60歳以降5年ごとに140万円の利息は付きますか？

R　付きませんね。

K　そうか、保険と貯金を分けるより、渋井さんのプランの方がいいか。

R　どうせ、どこかで今の積立を増やさなくてはならないからね。

S　ゼネラル生命のプラン 89,700 円のうち、山中家でお支払いできる保険料が 3 万円で、今、積み立てている財形が 3 万円の合計 6 万円は、ゼネラル生命に預け替えることができますね。

K　そうですね。でも何で 3,000 万円近く貯める必要があるのかな？

S　はい、25 年から 30 年後の 2,000 万円はインフレを考えると 3,000 万円を目標にされる必要があります。

K　そうか、目標は 2,000 万円じゃダメなんだね。

S　そうなんです。今、貯金と保険で払える 6 万円とあと 29,700 円は 2,930 万円貯めるために追加で積み立てる分として頑張れませんか？

K　そう考えればできるか…頑張るか！

S　はい。ありがとうございます。

　　雲上先生の教え通りに話したら、頑固だった山中さんが私のお客様になってくれた。涙がこぼれてくる。夫婦で 89,700 円の契約となった。ここで喜んではいけない。渋井はセールスで一番大切な最後のプロセスを忘れなかった。

～紹介入手についても忘れず依頼する

S　山中さん。今日は本当にありがとうございました。

K　こちらこそ。とても勉強になりました。

S　嬉しいです。ところで、今日もし私が山中さんご夫妻にお会いしていなければ、生命保険にご加入されていなかったかもしれません。その場合、ゼロ金利の財形は続けられていましたか？

K　そうですね。父のような60歳で切れる保険は全く関心なかったですし、財形は続けていたでしょうね。

S　万が一はなかったとして、月3万円の財形だけで60歳を迎えられたかもしれませんね。

K　そうですね。

S　60歳からも現役で働くのに保障もない、医療・介護の備えもすべて1,000万円位の財形が頼りになりますね。そんな60歳をお迎えになっていたらどうでしたか？

K　辛い老後が待っていたかもしれませんね。

S　実は、生命保険に入っていらっしゃる方で、ほとんど同じ結果になる方が私のお客様になっていただいているんです。

K　みんな同じパターンですか？

S　はい。そうです。保険料として月3万円を30年間お支払いになると1,080万円です。1,080万円も保険料をお支払いになっているのに、保険が60歳で先に定年を迎えてしまいます。

K　保険が先に定年ですか。面白い言い方ですね。

S　これからは60歳、いえ70歳以降も現役の時代なのに、保険が60歳で切れて保険料1,000万円も掛け捨てなので、ほとんど戻ってこない。さらに、財形の1,000万円もゼロ金利ですから、インフレ・増税・円安効果で実際の価値が半分以下になるかもしれません。保険と貯金で2,000万円以上も払ったのに、下流老人になってしまう。そんな人生っておかしいと思いませんか？　真面目に働いて保険も貯金もしていたのにハッピーになれない。そんな仕組みを変えたくてこの仕事をさせていただいています。

K　素晴らしいですね。

S　山中さんは人事のお仕事をされているんですよね。

K　そうですが…。

S　人事部には何人くらいいらっしゃるんですか？

K　20人くらいかな？

S　大会社は人事部だけで20人ですか。素晴らしいですね。その中で山中さんのように20代後半から30歳代で結婚してお子さんがいる方は何人いらっしゃいますか？

K　うーんと、6人かな？

　　山中は会社の人事部の仲間の顔を頭に浮かべている。

S　6人の中で最初に顔が浮かんでくるのは何という方ですか？

K　吉田さんかな？

S　じゃ、吉田さんは仲の良い方なんでしょうね。

K　ええ、まぁ。

S　何歳くらいの方ですか？

K　吉田さんは僕の先輩で34歳くらいですね。

S　ありがとうございます。その大切な先輩の吉田さんが、今申し上げた保険と貯金をされているパターンである可能性が極めて高いんですよ。

S　お父様も残念な保険にご加入されていましたね。

K　そうだったな。

S　30歳から50歳代の男性世帯主の加入率は90％で、普通死亡保険金は平均で3,000万円です。でも、毎年保険会社が亡くなったお客様のご遺族に支払っている一件当たりの死亡保険金は280万円です。なぜだかご存知ですよね？

K 60歳を過ぎて保障が下がるからですか？

S その通りなんです。すでに保険に入っていらっしゃる方のほとんど皆さんが、お父様と同じパターンの保険なんですよ。

K そうなんですか？

S はい、加入されている保障額と死亡されて受け取る保険金が著しく下がってしまうこのプランは、40年以上変わっていないんですよ。たまたま山中さんのお父様だけが、あのパターンだったのではないんです。

K そうなんですか…。

S 吉田さんの保険が60歳になってほとんどなくなってしまい、財形貯蓄はインフレ・増税・円安で価値が半減する。そんな現実を60歳になって気づかれたら、吉田さんお困りになりませんか？

K それは困るでしょう。

S ということで、吉田さんが60歳でお困りにならないためのお話しを、会社でさせていただきたいんです。

K どうすればいいんですか？

S 明日、吉田さんは会社にいらっしゃいますか？

K いると思います。

S では、たとえばお昼休みに15分くらい、吉田さんとお引き合わせいただけないでしょうか？

K 吉田さんには何と言えばいいですか？

S たまたま私が会社のそばに通りかかったということで、「ちょっと、ちょっと吉田さん、会わせたい人がいるんですよ」とお声がけしていただければ、その後は私がご挨拶させていただきますので…。

K たまたま渋井さんが来たということで、「ちょっと吉田さん」と言って呼べばいいんですね？

S　そうです。くれぐれも、最初にゼネラル生命の渋井に会わせたいなんて話さないでくださいね。生命保険の営業は人気がありませんから。ただ、ちょっと会わせたい人がいると、吉田さんを連れて来ていただきたいんです。

K　分かりました。明日うちの会社に来るのね？

S　はい、12時半頃に会社の近くから山中さんにお電話させていただきますので、よろしくお願いいたします。

　クロージングの後、必ず次の見込客の名前を聞き出し、引き会わせていただくこと。これも雲上の教え通り上手くできた。締切まで時間がないので、渋井は次の訪問先である大盛望（O＝おおもりのぞみ）（35歳）の自宅に急いだ。

レッスン5 ·······························

ドル終身保険のプレゼンテーション・その2
～ 21 世紀型プランの提案

　大盛望（O＝おおもりのぞみ）（35 歳）と妻の大盛美咲（M＝おお
もりみさき）（32 歳）が前回同様に渋井を出迎えてくれた。ソファーの
前のテーブルにはセンチュリー生命の設計書が置いてある。

S　大盛さん、再度お時間をいただきありがとうございます。

O　渋井さんも頑張りますね。

S　ありがとうございます。先日拝見した大盛さんの大切な先輩のお母
　　様のプランと、全く違う提案をさせていただきたいと思います。

O　全く違う提案ですか？

S　はい。こちらが先輩のお母様から提案されているプランですね。大
　　盛さんが万が一のときには、月 30 万円の収入が保険会社から 60
　　歳まで毎月給付されます（図表 30）。

図表 30　センチュリー生命の提案内容

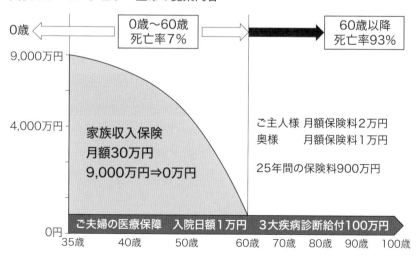

O　僕が死んだら妻に毎月30万円出るプランです。

S　はい。万が一のときには25年間で総額9,000万円を奥様が受け取れるわけですね。

O　すごい金額ですね？

S　今から12、13年後、47、48歳でしょうか。ちょうど満期の60歳までの期間の半分で他界されますと、奥様が受け取れる保険金の総額は半分になります。要は、これから稼がれるお給料分を保障するという考え方で作られた生命保険なんです。

O　なるほど…。

S　ご夫婦には一生涯の医療保障が付いています。入院されたら入院1日目から1万円受け取れます。手術を受けたときは最高で40万円の手術給付金も受け取れます。がん・心筋梗塞・脳卒中と診断されますと一時金で100万円が受け取れます。

O　まぁ、安心かな…。

S　そうですね。

　渋井は大盛夫妻に視線を合わせた。

O　何か問題があるんですか？　このプラン。

S　はい。せっかく大切な大盛さんの先輩のお母様がご夫婦のために考えて作られたプランで、私も同じような提案をいたしましたが、少し勉強させていただき、気になる点をお話しさせていただいてもよろしいですか？

O　いいですよね。どうぞ。

　渋井は、山中夫妻と同様に生命表のスライドを見せて日本人の長寿化について説明した。

S　生命表でも説明しましたように、これからは長く働いていただく時代です。そして、60歳から65歳まで年金が全く受け取れませんから、大盛さんも65歳まで当然お仕事をされますよね？

O　はい。そのつもりでいます。

S　大盛さんが65歳になられるのは、2040年以降ですから、受け取れる年金は今の水準の2割カットされると、実質水準で17万円以下になる可能性があります。17万円で生活できますか？

O　それは厳しいでしょうね。

S　生命表ですと、今の60歳代は昔の40歳代です。65歳以降仕事をするのは、将来は当たり前になるのではないでしょうか。

O　僕も健康に注意して働きたいですね。

S　2021年4月に施行された高年齢者雇用安定法の改正案により、大盛さんの会社のような大企業は、将来70歳まで働ける環境を整備することが義務化されました。

O　そうですか…。

S　ですから長く働く時代に、60歳で保障が終わってしまう保険では、奥様お困りになりませんか？

M　主人が60歳代で亡くなって保険はなかったのでは困ります。

S　先輩の提案された入院や手術を受けたらお金が出る保険ですが、医療財政が厳しいなか、今後とも入院日数を減らすのは国策です。

　渋井は山中夫妻に話した今後の医療費の増大と介護費用の自己負担について話した。

O　そうか、このプランは介護の保障はないのか？

S　ですから、今日お持ちした私のプランは、

　1．長生き時代は、長く働く時代、長く働く時代の生命保険は60歳

以降も切れないインフレに負けない長い保険が必要です。

２．2,000万円を目標にインフレに負けない老後の資産形成をします。

３．健康保険でカバーできない医療費用の準備。特にがん・心臓疾患・脳卒中は闘病期間も長くなるので、入院日数に関係なく資金が得られる保険を考えます。

４．公的介護保険で不足する費用を準備します。

という４つです。

Ｏ　それは、いいですね。

渋井は、山中夫妻と同様にドル終身保険のプランをプレゼンテーションする（図表31）。

図表31　ゼネラル生命の提案内容

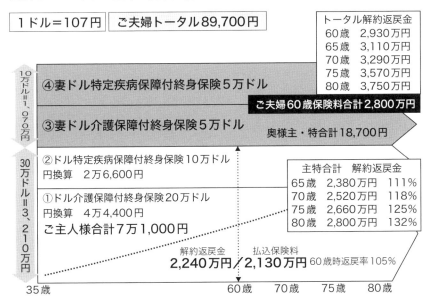

Ｏ　結構な金額になるんですね。

Ｓ　はい、900万円も払ったのに、保険が60歳でなくなって、払った

保険料は戻ってきません。老後の資金はこの保険とは別に財形を続けることになりますね。

O　そうなりますね。

S　財形で2,000万円を35歳から貯めるとすると、この3万円の保険料の他に月66,600円積まなければなりません。保険料と財形合計で96,600円になります。

O　それも厳しいなあ。

S　そうですよね。60歳までに保険に900万円、貯金に2,000万円合計2,900万円も払って60歳以降の保障はなしで、インフレに対抗力のないゼロ金利の財形で2,000万円貯まっています。

O　2,900万円も払うんですね。

S　そうです。それならゼネラル生命のプランはいかがですか？　保険に3万円、貯金に6万円で毎月9万円払うとお考えになったら。60歳までに2,800万円払って、60歳ですべて解約しても2,930万円戻ってきます。保険と貯金を分けたプランですと60歳までに2,900万円払って、60歳以降の保障はなく戻ってくるのが2,000万円の貯金だけです。ゼネラル生命のプランは、60歳以降はご主人の保険料は一切払う必要なく、30万ドル約3,210万円の保障が終身続きます。65歳、70歳以降も安心してお仕事を続けることができますね。奥様も安心ですよ。

M　確かに安心ですね。

S　図表31の右上をご覧ください。65歳で3,110万円、70歳で3,290万円と解約して戻るお金が180万円ずつ増えていきます（もちろんドルベース）。

O　それはすごいです。

～厚生年金の受給繰下げをシミュレーション

S　たとえば、厚生年金の受給開始を70歳に繰り下げると受取額が
　　42％増えます（図表32）。大盛さんが70歳まで働くとすると、ご
　　主人様の厚生年金が21万円、奥様の基礎年金も67歳まで繰り下
　　げると7万円位になりますから、ご夫婦の受取額は28万円です。
　　生命保険文化センターの調査では、老後のご夫婦のややゆとりのあ
　　る生活費は月35.5万円としています。こちらは、それに近い生活
　　のシミュレーションです。月35万円の生活といいますと、ご夫婦
　　それぞれ別の趣味を楽しみ、年に2回の温泉旅行、年に1回は海
　　外旅行ができる生活費です。

図表32　夫婦の60歳以降のシミュレーション

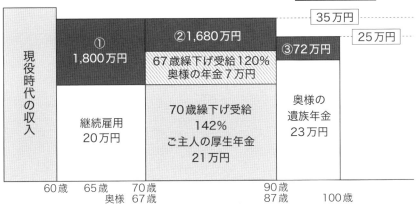

O　いいですね。35万円あれば楽しく老後を過ごせるんじゃないかな。
S　ぜひ、これを達成していただきたいんです。ご主人が90歳になる

までご夫婦の生活費が 35 万円で、それ以降奥様が 100 歳まで月 25 万円で生活するという例です。

　ご主人様が働いている 70 歳までの期間の不足額が① 1,800 万円です。ご夫婦で 70 歳から 90 歳まで 35 万円の生活の不足額は毎月 7 万円で、この 20 年間② 1,680 万円必要です。90 歳でご主人が亡くなったとします。奥様は 100 歳までの生活費は 25 万円にします。不足額は③ 72 万円です。①＋②＋③＝ 3,552 万円で、退職金の残りを引きますと 2,052 万円の不足になります。

　ゼネラル生命のこのプランですと、70 歳で 3,290 万円が保険で貯まりますので、この不足額を十分に賄って、さらに奥様の 90 歳以降の生活は 1,000 万円の資金余裕を持って暮らすことができます。これで奥様の介護費用も安心です。

M　子供たちにも迷惑をかけないで済みそうですね。
S　2020 年 5 月に成立した年金法により、75 歳まで繰り下げることができます。75 歳まで繰り下げますと 84％増えます。
O　まぁ 75 歳まで繰下げできるかどうかね…。
S　そのときの健康状態やお仕事ができる環境であれば、またシミュレーションをし直せばいいんです。
O　渋井さんが、ずっと元気で我々夫婦の人生の相談相手になってもらわなきゃね。
S　健康だけは自信がありますから、この仕事を長く続ける覚悟です。
O　お願いしますよ。

　大盛夫妻は、自分たちの今から老後の生活費について、もう渋井に任せようと考えているようだ。

S　はい、以上のシミュレーションは、あくまでも現時点でのものですから、年金、医療、介護の公的保障制度が変われば、また変化する可能性があります。ですから、今からどんな変化にもしっかり対応できるように、インフレに負けない長期の保障と資産形成をしていただきたいんです。いかがでしょうか、大盛家でお支払いできる保険料として３万円、今、積み立てられている財形で３万円、合計で月６万円はどこかに投資されていくのではないですか。

O　まあ、そうですね。はい。

S　保険料３万円と財形貯蓄３万円合計６万円が、大盛家がお支払いできる金額ですね？

O　保険料と貯金で６万円は続けていけますね？

S　ではその６万円の他に、あと３万円老後の安心のために財形を増やすとお考えになっていただきたいのです。大盛家が支払い可能な保険料と貯金で６万円、老後の生活費の不足額の準備としてプラス３万円、合計９万円をゼネラル生命にお預けいただきたいのです。あとプラス３万円と思って頑張れませんか？

　大盛夫妻は、渋井の情熱に圧倒されている。次々に繰り出されていく情報に惹きつけられながら、覚悟を決めたようだ。

O　渋井さん、分かりました。やります。確かにどこかに積み立てるのなら、プラス３万円と思えば渋井さんのプランの方がずっといいです。でも先輩に何と言って断ろうかなあ…。

　クロージングまで最後のひと頑張りだ。渋井は、今まではこの反対に上手く応酬ができていなかったが、雲上のレクチャーで得たクロージングを実践することにした。

S　大盛さん、ゼネラル生命のドル建て終身保険に入ったなどとおっしゃってはダメですよ。先輩との人間関係が壊れてしまいます。たとえば、仕事上の取引先とお付き合いをしなければならなくなったと、おっしゃってください。

O　そう言えばいいんですね。でも我々夫婦の将来のことですから、渋井さんは心配されなくても大丈夫です。

S　ありがとうございます。発想を変えていただくために３万円＋６万円とお話ししましたが、実際は、９万円すべてゼネラル生命への保険料です。ですが、この保険料は１円も掛捨て部分はないんです。９万円すべてが投資になるのです。ですから、60歳以降大きな保障を続けながらお金が貯まっていくのです。

O　掛け捨て部分がないから、こんなにリターンがあるんですね。

　渋井は、笑顔の大盛夫婦の顔を確認した。

S　おっしゃる通りです。では頑張れますね！？

　この瞬間、念願の表彰基準は軽く突破していた。ＭＤＲＴ会員基準も達成した。しかし、そんなことより渋井は、山中、大盛両ご夫妻の長い人生を守っていく責任の重さにプレッシャーを感じている。でも同時にこの仕事の素晴らしさも改めて実感した。

　大盛から会社の同期の仲間を聞き出すことにも成功した。そう、雲上から何度も教えてもらった。この仕事は契約をいただくことで終わりではない。次の見込客の名前を聞き出すことでこの仕事は完結すると。

　渋井は、マンションの坂を下っている。夕日が沈む海が見える。街もオレンジ色に輝いて見える。「自分も３年後に必ずこんな素敵なマンションに住むんだ！」わくわくする夢に日付を入れた。

レッスン6

変額保険のセールストーク
〜「損金＝ムダ使い」を理解する

U　おお、やったな渋井。まあ、そば食いねえ。

渋井は雲上に2件の成功物語を懸命に話した。

S　すべて雲上先生のおかげです。私今までこんな単価の高い保険を2件立て続けに契約いただいたことは、ありませんでした。

そばをすすりながら報告している。

U　あわてて、そば詰まらせるなよ。今までの勧めかたじゃそうはいかなかっただろ？　しかし、おめえさんいいセンいってるんじゃないか？　素質ありだな。今日はほめてやるぜ。

S　そんな、才能なんて私にはありません。ただ、雲上先生の考え方に感動してその思いをお伝えしただけです。

U　それが素質だ。その素直さが才能なんだぜ。おれが教えたこと「すなおーに」聞いて、その通りにおめえさん、必死こいて反復練習しただろ？　そして失敗を恐れずに即行動しチャレンジする。それが一番大切なことなんだぜ。

S　はい、ありがとうございます。

　渋井林檎には次の課題があった。そう向水建設の向水仁志（H＝むこうみずひとし）（40歳）の攻略だ。その他にも事業会マーケットへのアプローチをしたい。社長に保険を売りたいが入口で断られてしまう。

税理士から生命保険に入っているという断りにもお手上げだ。2019年2月のバレンタインショックで、節税話法が全く通用しなくなって、法人保険が得意だったゼネラル生命のトップセールスも、生産性が大きく下がっている。

　渋井は、今日も雲上庵を訪れている。法人攻略は「節税商品に頼らない社長・ドクターの攻略本（近代セールス社）」を読んでいるが、その知識が実戦で使える武器になっていない。

S　先生、私絶対にお客様にしたい社長さんがいるんです。先生の法人攻略の本を読んでいるんですけど、実際に現場でどうやって使えばいいのか分かりません。

U　渋井、あの本で書いてある本質をおめえさん理解してねえな。

S　本質ですか？

U　そうよ。つまりだ、経営の基本の話だぜ。何も難しくないんだぜ。社長さんたちが、いーつも考えている課題だな。

S　課題ですか？

U　経営者はいーつも3つの基本で悩んでいるんだぜ。基本中の基本だぜ。社長さんの前でB／S（貸借対照表）を書いて説明するんだぜ。

S　基本ですか？

U　そうだ。なんにも難しく考える必要なしだ。貸借対照表上では経営の目的は左側、つまり資産の部だ。この資産を毎年増大させるために、社長さんや社員さんたちは日々頑張っているんだ。資産を増やして右側の負債、借金を減らすこと、この差が利益になる。これあたりめえだろ？　たとえば原価100円のものを1,000円で売れば差額900円の儲けだ。この売った儲けが左側の資産となって増えていく。2019年の決算がこの左側だ（図表33）。

図表 33　企業の目的は資産の増大

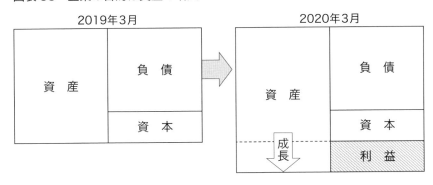

U　１年間頑張って資産を増やした。その結果が右側だ。2020 年の決算は 2019 年の資産より増えているだろう？　この１年間の成長のことを「利益」と言うんだ。

S　貸借対照表を書いてみると、分かりやすいですね。

U　そうよ。Ｐ／Ｌ損益計算書で書いてみりゃこうだ（図表 34）。経営の３つの目的。１つ目は売り上げを上げること、２つ目は経費の削減、そして３つ目はその結果利益を出すことだ。右側の収益を増やして左側の経費を減らせばその差額が利益だ。左側の費用のことを俗に「損金」と言うんだ。なるべく損金は少ない方がいいだろう？

図表 34　企業の３つの目的（損益計算書＝P/L）

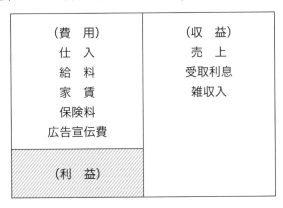

S　損金は少ない方が利益は出ますね。

U　この基本が分かってねえと、保険料を損金で落とせなきゃ、生命保
　険は入る意味がないなんて言うやつらが出てくるわけだ。1年間経
　費節減、経費節減ってコピー用紙の裏も使ったり、社内連絡に使用
　済みの封筒を使ったりしているだろ？

S　そうですね。

U　それなのに、ああそれなのにだ。そうやって努力して増やした利益
　に対して税金を払いたくないものだから、決算間際になって保険で
　経費をドカンと使っちまう。

S　そういえば、それはおかしいことですね。

U　そうよ、簡単なことが損金保険売りのやつらにゃ分からねえんだ。
　渋井、おめえさんの昔の理解で言う「損金＝ムダ遣い」に一理あるっ
　てえのは、そういうことだ。左の費用を減らせば利益が増える。企
　業の目的は利益を出すことだ。なのに何で「経費＝損金の保険料」
　を増やして利益を下げようとするんだ？

S　それは、税金を払いたくないからじゃありませんか？

U　てやんで！　これを見てみろ（図表35・36）。資本金1億円以下の
　企業の場合だ。個人（所得税＋住民税）と比べて法人の所得税率は
　最高で20％以上低いんだぜ。個人事業主は、課税所得が1,800万
　円を超えた部分は50％、4,000万円を超えたら55％だ。

S　半分以上も税金で持っていかれてしまうんですね。

U　そうよ。開業医の先生が個人経営なら「先生、午前中の患者さんは
　自分とご家族のため、午後の患者さんは納税のために診察をされて
　います」と言うと、先生にはかなりインパクトがあるトークになる
　んだぜ。

図表35　個人の所得にかかる税金

所得税の速算表　平成27年分以降

課税所得金額		税率	控除額
超 　　　195万円以下		5%	−
195万円	330万円	10%	9万7,500円
330万円	695万円	20%	42万7,500円
695万円	900万円	23%	63万6,000円
900万円	1,800万円	33%	153万6,000円
1,800万円	4,000万円	40%	279万6,000円
4,000万円		45%	479万6,000円

住民税（所得割）　平成19年分以降

課税所得金額	税率	控除額
一律	10%	−

課税所得金額1,800万円の場合	トータル税率37.4%

1,800万円×33%−153.6万円+住民税180万円+53万円(※)＝673万円
※個人事業税（1,800万円−290万円）×5%（第一種事業）×70%（事業税の費用化効果）

図表36　法人の所得にかかる税金

課税法人所得金額		税率
400万円以下		21.366%
400万円超	800万円以下	23.173%
800万円超		33.583%

※資本金が1億円以下の中小法人に対しての法人税率
　平成28年4月1日以降事業年度を開始する法人に適用（東京都）

課税法人所得金額1,800万円の場合	トータル税率　約28%

400万円×21%＋400万円×23%＋1,000万円×33%≒506万円

実効税率とは、所得税＋住民税＋事業税から事業税が損金計上できるのでその税効果を引いたもの。

S　それはなかなかショッキングなトークですね？

U　だろ？　それに比べて法人税は何億稼いでも最高で33.583%以上はかからない。俺は魔法の箱と言っているが、法人という魔法の箱

に稼がせりゃ、元々税金が 20％下がるんだぜ。まあ、渋井のお客様になる企業は、資本金が 1 億円以下で利益も 1,000 万円くらいの中小企業も多いだろ？

S　はい。製造業や建設業の会社が多いですから、儲かっている会社でも、利益は 2,000 万円から 3,000 万円くらいが多いです。

U　課税所得 1,000 万円の実効税率は大体 25％だ。図表 36 のように 1,800 万円稼いでも 28％だ。だから社長さんには、大体利益の 30％が税金とお話しすればいいんだぜ。個人事業主より税金が 20％安い。だから、儲かった分から 3 割税金を払い、その残りをしっかりと運用して増やしていく提案をするんだ。これが本来のアプローチの王道だ。

S　税金を引いた残りを運用で増やす王道のアプローチですね！

U　そうだ。それなのにだ、この 3 割の税金も払わなくていいように誤解させるのが、生命保険の損金売り話法だぜ。

～企業へのドル変額保険のアプローチ

U　じゃあ渋井、いいアプローチトークを伝授してやるか。

S　お願いします。

U　社長さんは保険の素人だ。そこに加入する目的が節税？　で保険に入らされた社長さんがたくさんいるんだぜ。いいか、経営の原理原則から話すんだぜ。まず、社長さんに保険に入られた目的は費用（経費）ですか？　それとも投資ですか？　ってお聞きするんだ。

S　費用（経費）か？　投資か？　ですか？

U　そうだ。社長さんの答えは例の災害保障重点型定期保険なら、加入の目的はズバリ節税だ。

S　そうですよね。皆さんそうおっしゃいます。

U 儲けたお金の使い道なら、節税目的だけってのはないぜ。つまり、せっかく出た利益をただ減らすだけの目的となるわけないだろ。保険加入目的が費用なら、ただ利益を減らして税金を安くすること以外に、費用対効果がなくっちゃダメだろ？

S 目的が費用なら効果がなくては意味がありませんね。

U そうだ。例の災害定期に入っている場合だ。費用として保険に入る。これは費用に見合う効果があればいいが、災害定期は本当に万が一の災害死亡しか保険金が出ねえだろ？　こりゃ生命保険じゃねえ損害保険だ。

S おっしゃる通りですね。

U 2018年の死亡者は136万人で、そのうち災害死亡、交通事故死亡、火災死亡者数は約6,300人0.46％だ。たとえば、保険料1,000万円で災害死亡だけしか出ない保険に入ったとする。1,000万円は使う費用としては高すぎるだろ？　ほとんどの死因は病気なのに事故死亡しか出ねえ保険に払う費用としては効果がないだろ？

S でも、皆さん加入の目的は節税では？

U だからな、単純に節税目的だけで保険料を払うのはナンセンスなんだぜ。たとえば、保険料を全額損金で1,000万円払うということは、貸借対照表Ｂ／Ｓで見てみると、1年間頑張って増やした資産1,000万円（現金）を決算間際で全部使ってしまうということだな。そうすれば、この成長分が利益だから確かに法人税の支払いはなしだ。これを毎年5年間繰り返すわけだ。5年間で5,000万円資産が消えているから5年間法人税の支払いはなしだ。5年間解約するまでは、隠れ資産が5,000万円×90％＝4,500万円あるというのが、この保険のウリだ。ここでポイントは、これは節税じゃねえ！　単に利益を5年間繰り延べているに過ぎないということだ（図表37）。

図表 37　単なる利益の繰り延べ？

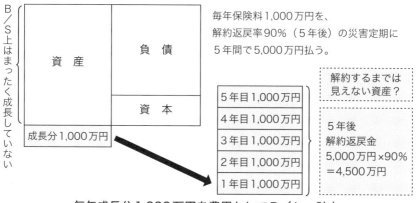

毎年成長分1,000万円を費用としてP／Lへ計上

S　そうなんですね。

U　損益計算書P／Lで表すとこれになる（図表38）。費用として保険
　料を5,000万円払って5年後で90％、つまり4,500万円戻ってく
　る保険だから、目先の費用対効果は100対90だな。5年間利益
　が出続ければ、毎年1,000万円×5年＝5,000万円の利益を費用
　に変えるわけだ。図表38の右側を見ればおかしいことに気づかな
　いか？　決算対策前に出た利益を全部費用に使ってしまった後だ。
　利益分そっくり費用にしてしまうから「費用＝利益」となって利益
　がゼロだ。何かおかしくないか？

S　おかしいですよね。

U　「ムダな電気は消せ！」言ったり、レポート用紙の裏まで使って経
　費を節約していたのに、決算が近づくと一気に経費を使って利益を
　なくしちまう。もちろん、5年後にピークを迎えて90％返ってく
　るから、帳簿外に利益は隠されている。でもこれを節税と言える
　か？　やはり利益を5年後に先送りにしているだけだよな。

図表38　利益を費用に変化させる

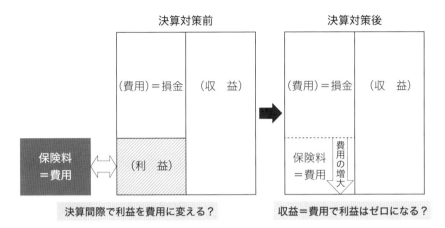

S　でも社長さんは、その利益の繰り延べ効果を期待しているんじゃないですか？

～繰り延べた利益をどう有効活用するか

U　もちろん、利益の繰り延べ効果を全部否定するわけじゃねえ。5年後繰り延べた利益を、どう有効利用するかということだ。この繰り延べた利益の使い道がなけりゃ、5年後に法人税がかかっちまう。これじゃ、利益の繰り延べ効果はかえってマイナスだな。

S　そうですか。

U　これを見てみろ（図表39）。4,500万円の使い道の例だ。決算月末に車を買ってぎりぎり決算月末に納車になった場合だ。車に4,500万円支払って全部経費になるか？

S　なりませんよね？　でも4,500万円の車なんてあるんですか？

U　てやんで、フェラーリとかランボルギーニってやつなら1台数億円するのもあるんだぜ。

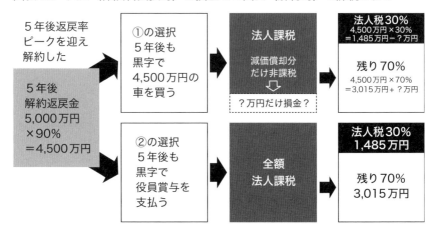

図表 39　入口（保険料支払時）は損金でも出口（解約時）で課税される

S　そうなんですね。私は自転車しか乗らないので…。

U　この仕事で成功して車くらい買うんだな。自転車は健康にはいいが事故が心配だ。それに雨には弱いだろ？

S　はい。先生、頑張ってせめて国産車くらい買えるようになります！

U　ところでだ。その 4,500 万円の車を買っても経費で落とせるのは、納車日から決算日までの期間だけだぜ。渋井、減価償却くらい知ってるだろ？

S　すみません。分かりません。

U　しょうがねえな。じゃあ教えてやるぜ。車のように高額なものは、購入したときに一気に経費で落とせない。なぜだと思う？

S　高いからですか？

U　まちげーじゃねえ。簡単に言えば中古車価格があるな。自動車は購入した後、何年か経っても中古車として売れる。つまり購入した後もすぐに価値がなくなることはねえ。だからこういう高価な品物は、何年かに分けて経費化するように決められているんだ。新車は 6 年だ。

S　じゃあ、決算間際に車を買っても6分の1しか経費にならないということですね？

U　決算間際じゃ6分の1にもならねえ。だから、納車日から決算日の期間だけだって言ったろ？　3月31日決算の会社なら3月15日に納車されたら15日分しか経費にならねえってことだ。

S　じゃあ、この4,500万円でフェラーリを買ってもほとんど経費にならないってことですね。

U　その通りだ。図表39の下を見てみろ。車がダメなら役員賞与を払ってしまえ、というのもダメだ。役員賞与は損金不算入だ。

S　役員のボーナスを払っても費用にならないんですね？

U　そんなもん認められてたら、節税の保険なんて売れないだろ。株主に払う株主配当も損金にはならない。だから社長さんは、節税まがいの生命保険にだまされるんだぜ。

S　この4,500万円の出口、つまり使い道が大事なんですね？

U　そうだ。これを見てみやがれ（図表40）。出口で課税されない場合だ。この5年でピークを迎えて解約したお金が4,500万円出てきたとき、①の場合は5年後たまたま4,500万円以上の大赤字だったらラッキーだな。この隠れていた利益を、赤字の埋め合わせにちょうどピッタリ使えるわけだ。まさに「今まで5年間利益を繰り延べてきてよかったよ！　助かった」と社長が言うケースだ。

S　でも、ちょうど保険がピークを迎える5年後に、4,500万円以上の赤字が出たケースですよね。

U　渋井、分かってきたじゃねえか。その通りだぜ。赤字が出なけりゃ、4,500万円に30％の法人税が課税される。今度は②のケースだ。ちょうど5年後に退職する役員や社員がいた場合は、退職金は経費

図表40　出口（解約時）で課税されない例

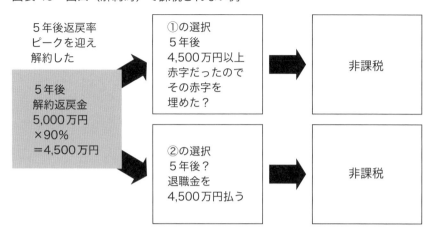

になるから、これも出口で課税されない。これは、保険加入のとき
に唯一計画的に出口の使い道が分かっているケースだな。でもな、
結構これがうまくいかねんだぜ。

S　と言いますと…。
U　オレのお客様のケースだ。5年後に専務が退職する予定だったんだ
　　が5年後も辞めたくねーって言い始めたんだ。この場合は、やはり
　　出口で退職金として使えなくなっちまった。アウトだ。
S　現実の経営ってやはり難しいんですね？
U　そうだ。だから出口を心配しなくてもいい戦略を考えるんだ。つま
　　り、原点だ（図表41）。1年間頑張って出てきた利益1,000万円
　　にかかる税金は30％としても、残り700万円には当然税金はかか
　　らねえだろ？

S　そうですね。
U　納税後の700万円を5年間毎年積み上げる。するってぇと700万

図表41　税引後利益を積み上げてキャッシュフローに

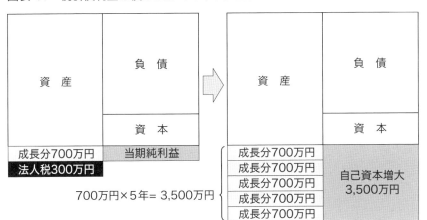

円×５年間＝3,500万円この企業は成長したことになるだろ？

企業経営の目的はＢ／Ｓ的には左側の資産（借方）の増大だ。この増大した資産は右側（貸方）の資本（自分の金）を増大させるんだ。**この3,500万円は５年目に無理して使う必要なしだ。いつでも使えるお金だ。無理して車を買ったり退職者を探す必要なんてない。このいつでも使えるお金をキャッシュフローって言うんだぜ。**

S　キャッシュフロー経営って聞いたことがあります。

U　おお、そうか。保険を５年かけて解約金がピークになる５年目で、たまたま赤字になるなんて確率は低いだろ？　もちろん、東北や九州の地震や各地の大雨で大被害を受けた企業が、被災した年が保険の解約金がピークの年だったら本当にラッキーだ。でも、そんな災害やコロナウイルスが流行る年が保険の解約金のピークだったなんてのは、偶然だ。災害は忘れたころにやって来るって言うじゃねえか。いつ来るか分からない企業のピンチをいつでも救えるのは、税金を払って貯めたこの**「キャッシュフロー＝いつでも使えるお金」**

なんだぜ。さぁ、どっちが経営として安全だ？

S　もちろん、いつでも使えるお金を増やした方がいいですね。

U　これが経営の原点なんだ。だが、この資産をゼロ金利で預けていたら、インフレ・増税・円安で目減りする。だから、変額保険で運用してインフレ・増税・円安に負けない資産に育てるんだ。

S　よく考えると、会社が投資信託を買ったり不動産に投資するのと同じですね。

U　ザッツライト。そうだ、儲かった利益から税金を引いた残りで企業は投資をするだろ？　不動産や投資信託を買っても損金で落ちない。なのに、何で保険は損金で落とせるかを重視するんだ？

S　分かりました。保険加入の目的が資産運用か費用なのか、目的が曖昧だからですね？

U　おめえさん賢くなったなあ。そうなんだ。経営は儲かったお金を増やす投資に回すか、それとも費用で使うか、どっちかなんだぜ。費用とするなら広告宣伝費や社員の教育費に使えば、将来の売上増加につながるかもしれねえ。費用として保険料を払うなら掛捨ての保険料だな、なるべく安い保険料で大きな保障を得る。これが本来の費用の保険の入り方じゃあねえか？

S　そうですね。災害定期保険は「費用＝損金」で払うけど効果、つまり保障は限定的ですね。災害死亡だけですもんね。

U　費用を払うなら効果がなきゃいけねえ。災害定期保険は費用として払うには高すぎる。しかも、保険としての効果がなさすぎる。投資としては、100 の投資で 90 のリターンしかない。投資としても意味がない。

S　災害定期保険の加入目的は節税だけというのは、おかしいですね。

U　経営者として企業の利益を何かに投資するなら、100 投資して 120、130 のリターンを得るのでなけりゃ意味がない。費用としてなら効果がなけりゃ意味がない。本来支出の目的が節税だけなんておかしいだろ？

S　考えてみればおかしいですねえ。

U　しかも、利益の繰り延べ効果だけで、節税になってねえ。繰り延べ効果も出口戦略を間違えれば、全く意味がなくなってしまうんだぜ。いいか、個人と同様企業の保険もインフレ・増税・円安からお客様を守らなけりゃいけねえ。税引き後資産を増やす話を社長さんにするんだ。しかもこの長期運用で増えているお金は、つまり利息分だな。これは銀行預金と違って毎年課税されない。保険料を 100 積んで運用で 120 に増えていても帳簿上は 100 のままだ。この 20 を「含み益」と言うんだぜ。

S　それは知りませんでした。

U　さっきの例だと資産 3,500 万円を積んでいるが、運用がうまくいって実際解約すれば 3,800 万円になっていたとする。この 300 万円を含み益と言うんだぜ（図表 42）。この含み益は、長期運用している間増え続ける使い道自由なお金で、使うときまで税金はなしだ。使うとき、つまり出口は社長さんが選べるんだ。

S　これも、キャッシュフローが良くなる経営につながりますね。

U　分かってきたじゃねえか。社長さんに変額保険を売る目的は明確だ。費用ではなく会社を強くするための投資と考えていただくんだぜ。長期保障を得ながら会社に含み益を作っていく。これが本来の変額保険を法人に売る目的なんだ！

S　なんか自信がついてきました。

図表 42　運用で増えたお金は含み益になる

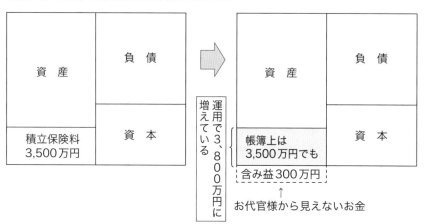

　雲上の熱いレクチャーは続いた。渋井は録画して家で雲上のトークを書き出し、自分で話せるよう特訓した。もちろん、「節税商品に頼らない社長・ドクターの攻略本（近代セールス社）」も再度読み返した。

レッスン7 ··

変額保険のプレゼンテーション
～リスク商品はインフレに強いことを説明する

　台風シーズンもようやく過ぎた早朝、渋井は自転車で向水建設に向かっていた。向水仁志（H＝むこうみずひとし）（40歳）とようやくアポが取れたのだ。

S　おはようございます。ゼネラル生命の渋井です。

H　渋井さんの熱心さには負けましたよ。でも、保険は面倒なんでプライド生命に任せているんですよ。

S　プライド生命さんですか。いい商品がおありですね。では、変額保険もプライド生命さんから入っていらっしゃるんですか？

H　変額保険？　そんな話は聞いていませんけど…。

S　それは残念です。プライド生命さんも良い変額保険お持ちなんですけど。では、今日は変額保険のお話を少しさせてください。

H　手短かにお願いしますよ。

S　はい。社長さん、昨年対比で今期の業績はいかがですか？

H　おかげさまで順調です。

S　素晴らしい！　各社対前年トントンを維持するのも大変と伺っています。ですが、来期100万円増益するのは大変ですよね。

H　そりゃ大変ですよ。

S　社員さんと一丸となって来期も増収増益を目指して頑張っていらっしゃるんですね。

H　まあ、そういうことですかね。

S　ところで、毎年100万円ずつ社長さんの会社の財産が、知らない

ところで目減りしているのはご存知ですか？

H　え…？　100万円ずつ目減りしてる？

　向水は、意表をつかれて答えに窮しているようだ。

S　実は、生命保険なんです。

H　えっ、何で生命保険なの？

S　はい。プライド生命さんや事業会で100歳まで1億円の保障が続
　　く長期平準定期保険という商品にご加入ではありませんか？

H　結構付き合いで入っているかな？

S　こちらをご覧ください（図表43）。

図表43　インフレ対策のない保険・貯金は危険です

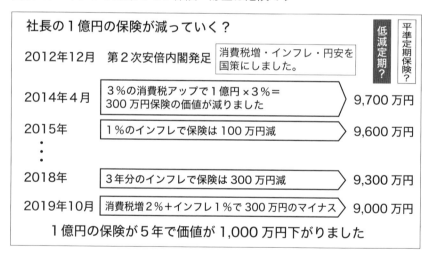

　渋井はまたタブレット端末を出した。

S　2012年12月、第2次安倍内閣になりました。毎年2％インフレ
　　にすること、消費税を上げること、そして円安にすることを経済政

策にしました。

H　もうずいぶん前のことですね。

S　その後、早速2014年に消費税を3％上げましたので、1億円の生命保険がなんと300万円価値が下がりました。

H　何で保険の価値が300万円下がったの？

S　1億円の3％は300万円です。社長さんの1億円の生命保険は消費税の3％分、自由に使えなくなりましたよね。

H　ああ、それで9,700万円になったっていうのね。

S　さすが社長さん、その通りなんです。そして安倍首相は日銀総裁を白川さんから黒田さんに代えて、毎年2％インフレにすることを命じました。黒田さんは2％を目標に頑張っていますが、結果は毎年1％前後で言い訳会見を開いてますよね。

H　ははは、言い訳会見か…そうだね。

S　それでも、1％物価が上がれば1億円の保険は100万円価値が下がることになります。物の価値が上がるわけですから、1億円の保険の価値は下がるのです。

H　なるほど、そうですね。

S　こうして2018年までに3年で3％のインフレで300万円保険の価値が下がり、2019年10月には2％の消費税アップと1年分の1％のインフレで、また300万円保険の価値が下がったわけです。2014年から2019年のわずか5年で、1億円の生命保険なら10％つまり1,000万円も価値が下がっているわけです。

H　1,000万円も…？　それはまずいね。

S　せっかく皆さんで頑張って業績を上げたのに、生命保険の価値は毎年が下がっているのです。そこで、このインフレ・増税・さらに円安

に負けないように保険を増やす仕組みが、今回お勧めするゼネラル
生命の変額保険なんです。1億円のこの保険は、毎月の保険料23
万円を運用して万一の死亡保険金と、長生きして受け取っていただ
きたい満期金や解約金を、インフレから守る仕組みがあるんです。

H　そういった保険は、プライド生命にもあるのかな？

S　はい。あると思いますが、プライド生命さんから変額保険のお話を
聞いたことはないと伺いました。

H　うん、そうだね。

S　では、少し詳しくお話しさせていただきます。変額＝何の額が変わ
るのかというと2つあります。1つは、亡くなって出る死亡保険金
が運用によって変わります。でも、これは運用で増えることはあっ
ても減ることはありません。もう1つは、解約金や満期金が運用で
毎日変わります。これは元本保証がないリスク商品と言われるわけ
です。今回はこのリスク商品をお勧めいたします。

H　なぜ、リスクのある商品がいいんだい？

S　この保険は変額保険と言うのですが、3つのメリットがあります。
1つ目は、保険料が定額保険＝額が変わらない保険より3割くらい
安いこと。2つ目は、予定している利率が3％と定額保険の0.75％
より4倍高いので、運用リスクはありますが将来の貯蓄効果を期待
できること。そして3つ目は、インフレに強いということです。お
預かりした保険料を運用して、保険金1億円の保障を増やせる仕組
みがあるんです。

H　そりゃ本当かい？

S　でも、申し上げたように途中で解約して受け取るお金や満期金は元
本保証がございません。

H　それ少し怖いなぁ。

S　向水社長さんは、過去に銀行さんや証券会社さんから投資信託を購入されたことはございますか？

H　あるよ。

S　儲かりましたか？

H　いいや損した。

　　向水は、あきらめ顔で答えた。

S　なぜ、銀行さんや証券会社さんの投資信託で損をされたのですか？

H　さぁ…。銀行さんとのお付き合いで買ったのでね…。

S　それでは、こちらをご覧ください。森信親 元金融庁長官が、過去に講演でイギリスのバートン・マルキール、チャールズ・エリス両氏の書いた本(※)を引用して「投資で成功する4つの秘訣」について述べているんですよ（図表44）。

図表44　投資で成功する4つの秘訣

　　※「投資の大原則－人生を豊かにするためのヒント」
　　　バートン・マルキール／チャールズ・エリス（日本経済新聞出版）

「投資で成功する4つの秘訣」

1. ゆっくりと、しかし確実にお金を貯める秘訣は、（課税の繰り延べ＋）再投資＝複利の効果を使う。
2. 市場の値上がり値下がりを気にせず一定額を（月掛けで）こつこつと投資。
3. 資産タイプの分散（投資する場所を分散する）をできるだけ図ること。
4. 市場全体に投資するコストの低い「インデックスファンド」を選ぶこと。

2017年4月7日日本証券アナリスト協会　第8回セミナーにて基調講演

H　元金融庁長官の話までするんですね…。

S　はい。森元長官は素人が投資で成功するには４つの秘訣があると言っています。まず、利息にかかる税金は毎年ではなく、解約するときか満期を迎えるまでかからないものを選択しなさい、と。こういう商品を選べば、運用で得られた利益をそのまま翌年に再投資することができるので、「複利の効果」が大きくなるのです。

H　うん、それで…。

S　次は、毎日株価が上がった下がったなどと気にせずに、一定の金額を月掛けでコツコツ投資をしなさい、ということです。

H　月掛けでコツコツ？。

S　そうです。「月掛けでコツコツ」です。先ほど投資信託で損をしたと伺いましたが、まとめてドンと一度に購入されませんでしたか？

H　そう、まとめて 1,000 万円投資したな。

　向水は、最近損をしたので吐き捨てるように答えた。

S　まとめてドンはリスクが高い投資法のため、お勧めしません。短期間で大きく儲かるかもしれない反面、大きく損をするかもしれないからです。月掛けでコツコツは、別名「時間の分散」と言います。

H　ほう、買う時期を分ける訳ね。

S　さらに、いろいろな銘柄に分けるということ、つまり「場所の分散」です。１つの銘柄だけに投資するのもリスクがあるからです。

H　そうだね。

S　そして最後は「手数料は少ないものを選ぶ」ということです。購入の際の費用は少ない方が、税金と同じく翌年に再投資できる金額が多くなりますよね。

H　うん。そのとおりだ。

S　この4つの秘訣を守れば、向水社長さん個人や会社の財産を増やせ
　　るって元金融庁長官が話していたんですよ。

H　本当にそんなことを言ってたんですか？

S　向水社長、釈迦に説法かもしれませんが、お金の勉強をしていただ
　　きたいんですが…。

H　いいですよ。

　向水は、渋井の話は軽く聞き流すつもりだったが、経営者としても知
らなくてはいけない情報だと感じてきた。

～投資で成功する秘訣・その1 「複利効果を最大限使う」

S　まず、単利と複利の違いです。こちらを見てください（図表45）。
　　もし、銀行預金で100万円を2％の単利で運用できたとします。
　　毎年運用益を払い出す商品では2万円の利益が出ますが、ここから
　　約20％(※)の税金が引かれます。ですから約1万6,000円しか残
　　りません。しかも、これは翌年に再投資されないため、10年間運
　　用しても利益の合計は約16万円です。

　　※ 2013年1月1日以降、所得税に0.315％の復興特別所得税が課税されて
　　　 おり、税率は20.315％となっているが、ここでは分かりやすく20％で説
　　　 明している。

H　私が買ったのは、確か毎年収益が受け取れるタイプだったな。

S　そうしますと、運用できても翌年に再投資、つまり複利の効果は使
　　えません。次にこちらをご覧ください。もし、ゼネラル生命の変額
　　保険に投資すると、同じ2％運用で2万円利益が出ても税金はかか
　　らないので、翌年に再投資することができます（図表46）。

H　えっ？　税金がかからないって最後まで？

図表 45　単利で 10 年間運用すると

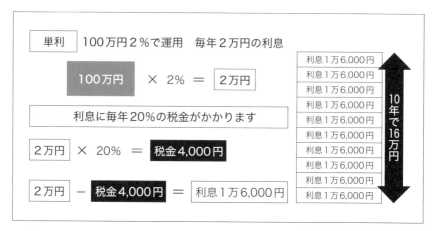

図表 46　複利で利息を再投資すると

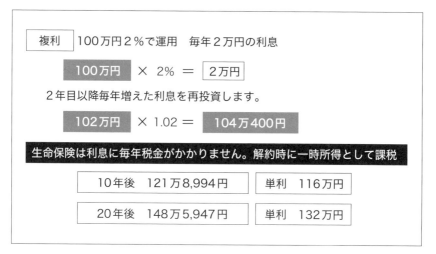

S　いいえ、保険を解約したときや満期時に税金はかかるんですが、生命保険の解約返戻金や満期受取金は、一時所得として優遇されているんです。詳しくは後でご説明します。

H　あー、そうなんですね。

S　それで、複利運用をすると 10 年後には 121 万 8,994 円になりますが、単利ですと 116 万円です。もう 10 年で収益に 5 万円以上

の差がつきました。20年後は148万5,947円に対して132万円です。次は「72割るの法則」といい、72を金利で割ると何年後に元本の倍になるか簡単に計算できます（図表47）。

図表47　72割るの法則

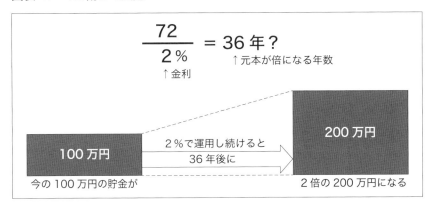

H　こんな方則があるんだ、面白いね。

S　72を2％の金利で割ると36です。つまり100万円を複利で2％で運用して利息から税金を取られないと、36年後に倍の200万円になる計算です。次の図表を見てください。100万円を2％の複利で36年間運用すると約204万円になります。では、運用で増えた104万円にいくら税金がかかるかを説明します（図表48）。

図表48　保険金にかかる税金

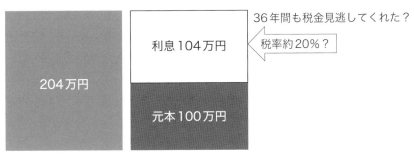

204万円－100万円＝104万円

H　お願いします。

S 先ほど申し上げたように、保険の税金は老後に優しいんです。100
万円の元本から36年間で104万円利息がつきました。36年間税
金を見逃してくれたのですから、この104万円に約20%の税金が
かかっても、仕方ないと思いませんか？

H 100万円以上も儲かったんだから、仕方ないとは思うね。

S ところがですね。この保険の税金についてはお代官様は優しくて、
50万円は儲けなかったことにしてくれるんですよ。つまり、お代
官様は利息は54万円しかなかったことにしてくれるっておっしゃ
るんですね（図表49）。

図表49 一時所得には50万円の特別控除額がある

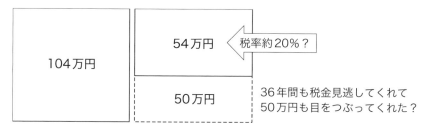

204万円－100万円－50万円＝54万円

H ははは、随分優しいんだね。

S はい、36年間も税金を見逃してくれて、さらに50万円もおまけ
してくれたんですから、この残りの54万円に20%税金払えって
言われても、もう仕方ないって感じではありませんか？

H 20万円覚悟していたのに10万円にまけてくれたんだからな…。

S ところが、次の図表をご覧ください。その54万円のさらに半分の
27万円も見逃すって言うんですよ。銀行預金や毎年分配型の投資
信託の利益からは、毎年せっせと20%も税金を取っていたのに、

生命保険には随分優しいんですね。まさに"殿、ご乱心ですか？！"
ですよね？（図表50）

図表50　104万円の保険金にかかる税金

54万円	27万円	**1万3,500円**
	27万円	104万円に対する税率 1.35%(※)
104万円		

204万円－100万円－50万円÷2 × 税率5％(※)
※解約した年に他の所得がなかった場合の例

H　渋井さんはなかなか役者だね。

　向水は、渋井のパフォーマンスに引き付けられている。

S　残りの27万円に対しても20％ではなく、解約の時期を選べば所
　　得税の最低税率である5％しかかからない場合もあるんですよ。

H　解約の時期をどうするって？

S　はい。この27万円はその年の所得と合わせて税額が計算されます。
　　サラリーマンの方ならリタイアされた翌年の1月1日以降に解約す
　　ると、その年の所得がなければ、この27万円には5％の所得税し
　　かかかりません。104万円に対する税率と比較すると、なんと1.3％
　　になるのです。同じ商品でも解約時期を間違えると、ムダな税金を
　　取られてしまうので、担当者のアドバイスで受取額が変わることも
　　あるんですよ！

H　渋井さんに任せろってか？

S　ありがとうございます。これが、元金融庁長官の森さんが言ってい
　　る税金の繰延べと複利の効果を使うということです。

●どこで運用するのか

S　ここまで話を聞いて、いくつか疑問が沸いてくると思います。運用といっても、どこでどうやって運用するのか、危険はないのか、何％くらいで運用できるのか、ということです。

H　そうだね。

S　まず運用についてですが、ゼネラル生命の変額保険は、世界中の債券と株式で運用します。では、まず債券についてご説明します。仮に私が1,000万円を向水社長さんからお借りして、10年後にお返しする約束をします。そして、毎年2％すなわち20万円の利息を、10年で10回支払う約束をします。この約束を私が紙に書いてお渡しする場合、この紙を何と呼びますか？（図表51）

図表51　どこでどう運用するのか

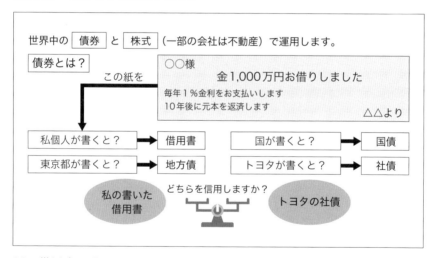

H　借用書ですか。

S　個人なら「単なる借用書」ですが、国が借りたなら「国債」、地方自治体なら「地方債」、例えばトヨタが書くと「社債」になります。そこで、私の「借用書」とトヨタの「社債」のどちらが毎年利息を払い、10年後に確実に元本を返してくれそうですか？

H　そりゃ、トヨタの方でしょ。

S　当たり前ですよね。ゼネラル生命を始めすべての保険会社は、たとえばトヨタのような優良な会社、すなわち一定以上の格付け（BBB以上＝投資適格格付け）の債券で運用することを金融庁に届けているのです（図表52）。

図表52　債券で安全に運用するには

債券＝格付けが一定基準（BBB）以上に投資します。

格付けとは？
ムーディーズやスタンダード＆プアーズに代表される格付け会社が、対象の会社の株式や債券の信用度を客観的に表したものです。

AAA（トリプルエー）が最高格付け
　AA（ダブルエー）
　　A（シングルエー）
BBB（トリプルビー）までが※投資適格格付け
　BB（ダブルビー）以下は投機的格付け
　　B（シングルビー）、CCC、CC

〈投資適格格付け〉
債券の元本や利払いが不履行になるリスクが低い格付け

しかし、AAAの会社も過去に2社破たんしている？

H　ほほう…。

S　BBB以上の利息も元本も滞るリスクが極めて低い格付けを「投資適格格付け」と言い、一方BB以下を「投機的格付け」と呼びます。生命保険会社はこの投機的な格付けの債券には投資できません。格付けの高い債券は、「デフォルト＝債務不履行＝借金の踏み倒し」になるリスクは低いのです。でも、過去にはエンロンやワールドコムのようなトリプルAだった企業が倒産した例もありました。決算を粉飾して優良企業を装っていたんです。

H　トリプルAの企業が倒産したのでは、何を信じていいか分からなくなるね。

～投資で成功する秘訣・その2「場所の分散」

S　そこで、安全な債券をさらに安全に運用する方法が「場所の分散」
　　です。次の図表を見てください。投資には「10個の卵を一つのカ
　　ゴに預けるな」という格言があります。例えば、トヨタ自動車とい
　　うカゴに向水社長さんの大切な財産をすべて預けたとします。もし
　　トヨタ自動車のカゴがひっくり返り、10個の卵が全部割れてしまっ
　　たら、すべてパーになってしまいます（図表53）。

H　それは困るよね。

図表53　場所の分散・その1

10個の卵（財産）を一つのかごに入れるな。

S　それでは10個の卵を10個のカゴに預けたらいかがでしょう？
　　万が一、カゴが1つひっくり返っても残りの9個の卵はセーフです。
　　9個はひなになり、そのひなが成長してまた財産の卵を産むのです
　　（図表54）。

H　そうか。

S　いくらトヨタが優良企業でも、このカゴに10個すべての卵を預け
　　ると、トヨタと運命を共にすることになりますよね。そこで、アッ
　　プル、P&G、東電、ネスレ、エッソ、ドイツ銀行、ユニクロ、某

一流企業、トヨタ、米国債と向水社長さんの財産を、10個のカゴに分けて預けます。万が一、このうちの企業が1つ倒産しても、残りの9つの企業が成長して財産を築くので、1社の損失は9社でカバーできる。これが「場所＝銘柄の分散効果」なんです。

H　なるほど、おもしろい。

図表54　場所の分散・その2

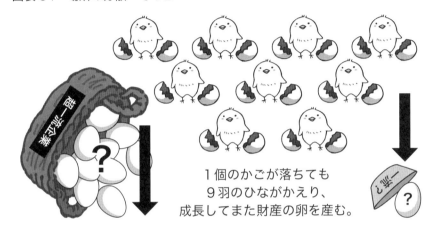

1個のかごが落ちても
9羽のひながかえり、
成長してまた財産の卵を産む。

S　ゼネラル生命の変額保険の債券運用は、世界中のBBB以上の投資適格格付けの債券に100以上銘柄を分けて投資します。たとえば、東電に毎月100円、トヨタに50円、米国債に100円、アップルに50円といったように毎月分散して投資しますから、安全性の高い債券運用がさらに安全になるのです。これが、投資で成功する秘訣の2つ目「場所の分散」です。このように運用した結果、ゼネラル生命の債券運用の実績は設定来平均で4.0％以上（実際の運用成績を見せる）となっていますので、運用開始以来予定利率の3％を超えています。

H　それはいいですね！

S じゃ、「安全な債券100%で運用すればいいじゃないか！」と思われるかもしれませんが、実は債券はインフレに反応が鈍い一方、株はインフレに敏感に反応します。ですから、向水社長さんのように若い方は長期間の運用になるので、株式を50％は入れたいと思うのです。

H なぜ株はインフレに強いんですか？

S では次の図表をご覧ください。以前、急にガソリンが値上がりした時期がありましたね（図表55）。

図表55　株式はインフレに強い

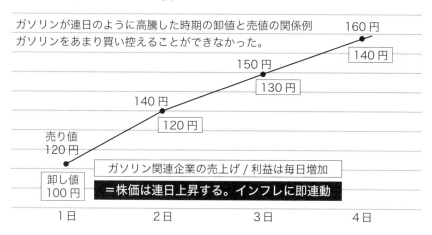

H ああ、間々ありますね。

S たとえば、今月1日にガソリンの仕入れ値が100円だったので、スタンドの店長は売値を120円と看板に書きました。ところが翌日の仕入れ値は120円に上がったので、売値を140円に書き換えました。さらに3日後は130円になったので、売値は150円、4日後は140円になったので、売値は160円と毎日書き換えたわけです。わずか4日で1リッターのガソリンの値段が40円も上がりました。こんな場合に、向水社長さんはガソリンの使用量を大幅に

節約できますか？

H　それはできないよね。

S　このように、どうしても生活に必要なものは、急に物価が上がったとしても買わざるを得ませんよね。そこで、インフレになったら消費者が買わざるを得ない商品を作っている会社の売上はどうなりますか？

H　当然上がるでしょ。

S　そうなんです。ガソリンスタンドは毎日増収増益になります。インフレに即対応です。

H　いいねえ、こういう商売は…。

S　ですから、この場合なら石油関連の株はいかがですか？　日銭を稼ぐように毎日インフレに敏感に反応して値上がりしていきます。そこで、向水社長さんからお預かりする保険料の半分は株に投資していただきたいのです。でも、株式投資の一般的なイメージはどうですか？

H　儲かるときもあるけど、損することもあるよね。

S　やはり、株式投資は危険なイメージがありますね。分かりやすい例としてガソリンを挙げましたが、実際はどの株がインフレに即対応するのか分かりません。逆に材料費や仕入れ値が上がっても、売値をすぐに上げられない会社もあります。インフレに敏感に反応して上がったとしても、逆に敏感に下がることもよくあります。

H　そうだな。

S　では、次にこの激しく相場が動く株式投資を安全に運用できるか、その方法をご紹介します。

H　いいですね。

～投資で成功する秘訣・その３「時間の分散」

S　ではもう一つ、怖いと思われている株式投資について、リスクを減らして安全に運用する方法をご紹介します。元金融庁長官の森さんが言っていた、投資で成功する４つの秘訣の２番目にありましたね。３番目の秘訣と前後しましたが、この「時間の分散」を使って株式投資のリスクを軽減する方法です。

H　時間を分けるのかい？

S　ほら、申し上げましたキーワードです。月掛けコツコツですよ。

H　おお、月掛けコツコツな。

　⇒ここで、お客様にはドルコスト平均法なんていう専門用語は使わない。時間の分散を分かりやすく、「月掛けコツコツ」がいい。

S　それでは、こちらをご覧ください。私は現在、１月現在１株1,000円のA社の株式に毎月１万円ずつ半年間投資していきます。一方、向水社長さんは、毎月財形で１万円ずつ６ヵ月積み立てていきます（図表56）。

図表56　時間の分散

①財形に月１万円		②A社の株に月１万円ずつ投資する	
１月	１万円	1,000円	10.0株
２月	２万円	800円	12.5株
３月	３万円	600円	16.6株
４月	４万円	500円	20.0株
５月	５万円	600円	16.6株
６月	６万円	700円	14.3株
この勝負どちらが勝ったでしょうか？			

H　堅実に財形かい？

S　はい、6ヵ月の運用競争をしましょう。私、渋井は1月に10株買えました。2月は株価が800円に下がりました。いきなり2割も下がったんです。やはり株は怖いですね。向水社長さんは、2ヵ月で2万円確実に積み上がっています。一方、私の方は12.5株買えました。

H　うん、それで。

S　3月はさらに600円に下がりました。16.6株購入。4月はついに半分の500円になりました。私の状況は悲惨ですね。でも20株購入できました。向水社長は、堅実に4万円積んでいます。5月は少し持ち直して600円、16.6株購入。6月は700円で14.3株。半年間、私の株式投資は、一度も始めの1,000円を超えることはできませんでした。向水社長さんは、6万円確実に積み上がりました。さてこの勝負、向水社長さんと私のどちらが勝ったと思いますか？

H　そりゃあ、私の勝ちでしょう。

S　渋井は敗色濃厚ですね。では、決算してみましょう。こちらの図表を見てください。6ヵ月で渋井は合計90株購入できました。投資金額は6万円です。このとき売却すると、6月の終値は700円ですから、700円×90株で63,000円です。向水社長さんの残高は6万円ですから、私の勝ちです（図表57）。

H　あれ？　不思議だな。

S　はい、私は1月に買い始めたときの株価1,000円を一度も超えませんでしたが、半年でプラス3,000円の運用＝5％運用できているのです。年率で10％運用ですね。

図表 57　月掛けによる運用成果

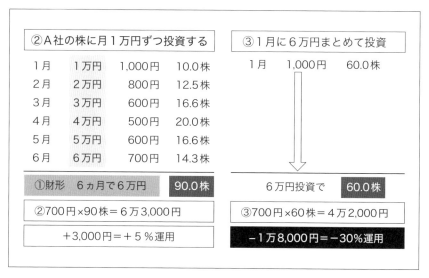

H　本当に？　やっぱり不思議だな…。

　向水は、確認のため電卓を弾き始めた。確かに6ヵ月で90株購入できている。間違いなさそうだ。

●投資で勝つポイント

H　でもなんだな。一度もA社の株価が1,000円に戻っていないのに運用できるなんて…。

S　ですから、向水社長さんはこれから月掛けの投資家になっていただきたいんです。

H　月掛けの投資家ねえ。

S　月掛けの投資というのは「高値で買い控えて、安値で大量に買う」ことです。でも、皆さんは株価が上がっているときに買いませんか？

H　そうだね。上がっていると安心して買うよ。

S　株価が下がっているときには？

H　もっと下がるとまずいから売るかな。

S　それでは投資は失敗します。でも、高値で買い控えて安値で買うのはプロでも難しいんです。

H　できたら苦労しないか…。

S　ですが、毎月一定額を投資するとそれが自動的にできるのです。1月の1,000円のときは10株と買い控えて、4月の500円のときに20株買えていますでしょ。

H　そうだ、本当だ！

S　ですから月掛けの投資家は、毎月の価格の上下に一喜一憂する必要はないんです。何口購入できたかを見ていただきたいんです。

H　値段より、口数ね。

●大暴落は大バーゲンセール

S　はい。次に月掛けの投資家は10年に一度くらいやってくる大暴落を楽しみにしていただきたいんです。

H　何だって大暴落が楽しみなんだい？

S　月掛けの投資家にとって大暴落は大バーゲンセールなんです。

H　大バーゲンセール…？

S　こちらのチャートをご覧ください。米国を代表とするニューヨークダウとS＆P500社の平均株価の過去50年の推移です。ご覧の通り、米国の株式相場は5年から10年ごとに大暴落を繰り返しては復活しています。1987年のブラックマンデー、1997年のアジア通貨危機、2002年のITバブル崩壊、2008年のリーマンショック、2015年のチャイナショック、そして2020年のコロナショックです（図表58）。

H　結構暴落することってあるんだなぁ。

S　はい、世界のお金持ちは、この大暴落を大バーゲンセールが来たと

喜びます。

H　でも、なんで大暴落が大バーゲンセールなの？

図表 58　米国株式相場の推移

NYダウ／S&P500の推移
（過去50年、指数化、米ドル建て）

出所：株式会社GCIアセット・マネジメント太田 創氏　2019.7.5より抜粋

S　この時期は世界の一流ブランドの株式が格安で買えるからです。普
　　段、景気の良いときは高すぎて買い控えていた銘柄の株式を、大量
　　に購入できるチャンスなわけです。

H　そうか、月掛けコツコツは自動的に高値で買い控えて、安値でたく
　　さん買えるんだったね。

S　その通りです。5年から10年に一度やってくる大暴落を楽しみに
　　待っていればいいわけです。

　⇒普段から「大暴落は大バーゲンセール」だとお客様に伝えておくこ
とが大事。5年から10年に一度必ずやってくる大暴落で解約を防ぐん
だ。月掛け投資家にとって大暴落は大チャンス！

●ヴィトンの財布話法

S　こちらを見てください。たとえば、1月にヴィトンの財布が10万
　　円で売られていたとすると、10万円の予算では1個しか買えませ
　　んね。ところが、4月の10年に一度の大バーゲンセールで、同じヴィ
　　トンの財布を1個5万円で売り出すとします。するといくつ買えま
　　すか？（図表59）

図表59　ヴィトンの財布話法

毎月ヴィトンの財布を月10万円の予算で買っていく		
月	ヴィトンの財布一個の値段	10万円で買える個数
1月	10万円	1個
2月		
3月	大バーゲンセール	大暴落は大バーゲンセール!?
4月	5万円	2個
5月	6万円	

4月に買った2個の財布を5月に売れば6万円×2個＝12万円

4月に出したお金は10万円
5月に12万円で売れた＝2万円の儲け

H　ああ、2個買えるね。

S　5月に値段が6万円に上がりました。今持っている2個のヴィトン
　　の財布を売るといくらになりますか？

H　6万円だから2個売れば12万円か。

S　ほら、元の値段の10万円に戻らなくても2万円儲かりましたね？

H　毎月10万円をヴィトンの財布に投資していくと、財布の値段が4
　　月に半値になって元の10万円に戻らなくても、儲かるわけだね。
　　これってすごい方法じゃないか？

S　これは「ヴィトンの財布話法」って言うんです。なかなか、この時

間の分散の運用方法が理解いただけない方に、このように説明すると分かっていただけるんです。

H　特に、女性はヴィトンの財布が好きだから…。面白いね！

S　図表57の右側の例が、皆さんが怖いという株式運用の例です。1月にA社の株を6万円買って6ヵ月後に売却したらどうでしょうか。6万円で60株しか買えていないので、1月に買ってから株価が下がり、半年間イライラして見ているわけです。6月に仕方なく売ると、6月の終値700円×60株＝42,000円です。ということは、「マイナス18,000円＝マイナス30％運用」となり、年率だとマイナス60％運用です。

H　うわー、マイナス60％かぁ。

S　株式投資が怖いとか、危ないと言われているのは、この③の投資方法です。①のように、一度にではなく毎月一定のお金を6ヵ月間に分散して投資することで、リスクを減らしていくことができるのです。これを「月掛けコツコツ＝時間の分散」と言います。

H　なるほど、月掛けコツコツでいくわけですね？

S　はい、そうなんです。向水社長さんはお若いですから、これから月払いで25〜30年という長期間にわたって投資していくわけです。つまり、時間は300ヵ月から360ヵ月に分散しますから、さらにリスクは分散されるのです。

H　それはいい方法だな。

S　しかも、先ほどお話しした投資で成功する3番目の秘訣＝「場所の分散」もします。投資先は、日本だけでなく世界の優良企業の株式100以上の銘柄に分散します。アップルに毎月50円、トヨタに50円、マイクロソフトに100円、ネスレに50円、エクソンモー

　ビルに 100 円と分散投資してリスクを減らします。もちろん、将来の成果をお約束するものではありませんが、ゼネラル生命の世界株式型の運用は設定来平均で 12％（実際の運用成績を見せる）と好調です。

H　いいですねぇ。

S　いかがでしょう？　怖いと思う株式投資も、このように時間と場所を分散することでリスクを減らせば、投資できると思いませんか？

H　こんな話、証券会社や銀行から聞いたことないよ。

　⇒リスク分散の方法を話した後、各社の変額保険の運用成績を見せるんだ。この方が説得力がある。先に運用成績から見せるやり方は、運用が良いときはかえってうさんくさく思われる。順番が大事だ。

〜投資で成功する秘訣・その4「手数料の安い商品を選ぶ」

S　ありがとうございます。では、投資で成功する4つの秘訣の最後の4番目です。これは、「手数料の安い商品を選ぶ」ということです。向水社長さんは、以前に証券会社や銀行のお付き合いで投資信託を購入し、損をしたことがあるとおっしゃっていましたね。

H　ああ、大損したよ。

S　日本の投資信託の純資産残高トップ5とアメリカの投資信託の純資産残高トップ5を比べたのが次の図表です。購入時の手数料は金融庁の調査では日本が平均 3.2％です。ですから 1,000 万円投資すると、すぐに 32 万円の手数料を引かれ、元本が 968 万円に減ります（図表 60）。

H　そうだ、私も結構手数料取られたよ。

図表60　日米の投資信託の比較

日本の投資信託	日米保有残高トップ5	米国の投資信託
3.2%	購入時手数料	0.59%
1.53%	信託報酬手数料 2年目以降手数料	0.28%
−0.11%	10年間の運用益	+5.2%
1.1兆円	純資産規模	22.6兆円

出所：金融庁　金融リポート　H28.9

S　アメリカの純資産残高トップ5の手数料は0.59%ですから1,000万円投資しても59,000円しか取られないので、994万1,000円からのスタートになります。2年目以降は信託報酬手数料といって、日本が1.53%でアメリカは0.28%です。残高が1,000万円とすると、日本は毎年15万3,000円も取られるのに対して、アメリカの投資信託は2万8,000円しか取られません。

H　全然違うなあ。

S　はい、その結果10年間の運用益は日本はマイナス0.11%、アメリカはプラス5.2%と勝負になりません。そして、アメリカの投信残高は10年間で日本の20倍にもなっています。

H　何でこんなに違うの？

S　はい。現在アメリカの純資産残高トップ5のファンドのうち、4つの投資信託はインデックスファンドと言いまして、手数料がものすごく安い商品なんです（図表61）。

H　インデックスファンド？

S　はい、インデックスとは指標のことを言いますが、たとえばダウ平均株価、S&P500指数とか日経平均株価はご存知ですよね。

図表 61　米国の手数料はなぜ安い？

投資信託の種類	運用方法	手数料
インデックスファンド	ダウ平均 30 社や日経平均 225 社に連動するように各社に均等に投資する。	安い
アクティブファンド	インデックスファンドを 5 〜 10％以上、上回る運用を目指す。 どの銘柄が有望か、優秀なファンドマネージャーやスタッフが調査・分析を行い、投資する銘柄を選定し、重点投資する。	高い

H　あぁ、知ってるよ。

S　ダウ平均とは、ウォールストリートジャーナルを出版しているダウジョーンズ社が選んだ、世界を代表する会社 30 社の平均株価ですよね。S&P500 とは、会社の格付けをするスタンダードアンドプアーズ社が選んだアメリカ上場会社 500 社の平均株価指数です。このダウ平均や S&P500 指数と同じ動きをするように運用するのが、インデックスファンドです。

H　ダウ連動のインデックスファンドか。

S　はい、ダウが上がれば運用が上がり、ダウが下がれば運用も下がる運用方法ですね。

H　ああ。そうだね。

S　たとえば、毎月お客様から 30 万円集めてきてダウの 30 社に 1 万円ずつ均等に投資をすれば、長期的にはダウ平均に連動するようになります。アメリカを代表するインデックスファンドでは、S&P500 に連動するファンドが有名です。日本では、日本経済新聞社が選んだ日本の上場企業 225 社の平均株価が「日経平均株価」です。日

経平均株価に連動させるインデックスファンドなら、またお客様か
ら毎月 225 万円集めてきて、1 万円ずつ 225 社に均等に投資する
ということです。

H　なるほど。それなら日経平均が上がれば上がるし、下がれば下が
るってことですね。

S　その通りです。こういった投資方法は、特別優秀なファンドマネー
ジャーや高いお給料のスタッフは必要ありません。ですから、手数
料が安くて済むわけです。

H　そうなんだね。

S　そこで次の図表をご覧ください。S&P500 インデックスファンド
のグラフです。もしも S&P500 に連動するインデックスファンド
に約 30 年前の 1990 年に 100 万円投資していれば、24 年後には
19 倍の 1,900 万円になっていたんですね（図表 62）。

図表 62　1990 年に投資を始めたら資産は 19 倍に

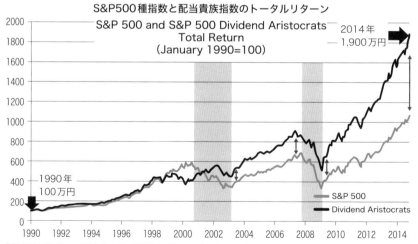

H　19倍かぁ…。

S　もちろん、今後の運用成績を保証するものではありませんが、こう
　　いった運用で成功する4つの方法を使って、月掛けコツコツを続け
　　ていけば、将来の運用に期待できますね。

H　これならやってみたくなるな。

　　渋井は、向水がイエスのサインを送っているのを確信した。

S　はい、それに対して日本のトップ5すべての運用方法はアクティブ
　　ファンドと言いまして、インデックスファンドを5％から10％以
　　上上回る運用成績を目指す投資信託なんです。

H　アクティブファンドですか…。

S　はい、今度は世界中の優良企業の中でどこが今年利益を出しそうか
　　を調べて、その会社に重点的に投資する方法です。ですから、高い
　　報酬を取る優秀なファンドマネージャーを雇い、優秀なスタッフを
　　世界中に派遣して、それこそ24時間年中無休体制で調査している
　　わけですから、当然手数料が高いわけです。

H　その割には日本の投資信託の成績は悪いね。

S　そうなんです。残念ながら、日本の投資信託には手数料一流、運用
　　五流と言われているものが多いのです。

H　五流とは…渋井さん、なかなか手厳しいね。

S　残念ながら、このトップ5の投資信託には高い手数料に見合う優秀
　　なファンドマネージャーがいなかった証拠がマイナス運用です。

H　それなら、インデックスファンドの方がいいんじゃないの…。

S　そうですね。向水社長さん、もしゼネラル生命にこういったファン
　　ドがあったら、ご興味ありませんか？

H　あるね、やってみたいな。

S　ゼネラル生命の変額保険の中に世界株式ファンドがございます。2
　　年目以降の信託報酬手数料は、銀行や証券会社の販売している投資
　　信託の1.53%に比べて、0.55%と安いことが強みです。

H　じゃあ、インデックスファンドなんですね？

S　ところが、このファンドはアクティブファンドで、2000年設定来
　　なんと12%という運用成績が出ています。もちろん、将来を保障
　　するものではございませんが。

H　運用成績はすごいけど、アクティブファンドなのにどうして手数料
　　が安いんだい？

　　渋井は一瞬ドキッとしたが、雲上とのロールプレーを思い出した。

S　いいご質問です。銀行や証券会社の投資信託は、ほとんど一時払い
　　で、短期間に何回も売買を依頼し高い手数料を稼ぐビジネスモデル
　　です。しかし、生命保険会社の商品は、ご加入から満期まで最低で
　　も10年以上のお付き合いをお願いしています。向水社長さんには
　　20年から30年もの長い間、月掛けで投資していただきます。こ
　　ういう方法で全国のお客様から毎月集まったお金を長期間投資して
　　いただくので、手数料は安くできるんです。

H　長期間にわたり大きなお金を集めて、しっかり儲けているんだね。

S　はい。保険会社は長いお付き合いをいただいて利益を出しているの
　　で、短期間にたくさん手数料をいただくビジネスではないんです。

　　渋井は自信に満ちた笑顔で返した。

H　今まで勧められた投資信託とは全く別物だな。

S　はい。もちろんゼネラル生命にはインデックスファンドもあります
　　ので、同じ世界株式運用でもアクティブファンドとインデックス
　　ファンドを組み合わせて、さらに安全に運用していきます。

H　ほう、両方あるんですね。

S　株よりリスクが少ないとされている債券運用でも4％以上の実績が
　　ありますので、株式運用と債券運用を組み合わせて、この設計書に
　　ある6％運用のシミュレーションが、ある程度期待できると思いま
　　せんか？

H　まあ、一発ドカンと払うわけじゃないからね。

S　その通りです。月掛けコツコツです。変額保険の目的はインフレ・
　　消費増税・円安に負けない長期の保障と向水建設さんの資産増強で、
　　財務体質をより強化することです。こういった商品を使って会社を
　　強くしませんか？

H　資産の増強か…。これなら会社は強くなるな。

S　はい。会社の資産を増やして、夢の実現の一つである退職金原資も
　　作りましょう。そして、個人でも同じようにご家族を守る長期の保
　　障と老後の資産形成をしていただきたいのです。いかがでしょう
　　か？

H　月掛けコツコツでいくら位なの？

S　はい。会社で60万円、個人で30万円になりますができますか？

H　できないことはないな。

S　ありがとうございます。

　　渋井は、初めて損金話法でない資産形成の切り口で法人契約が取れた。
法人で2億円の変額有期保険と個人で1億円の契約をいただいた。

レッスン8 ....
社長の損金保険を撃破する
～変額保険で夢の実現を説く

　翌週の月曜の午後、個人契約の訪問の帰りに信念電気にまた飛び込んだ。社長の信念徹（Ｔ＝しんねんとおる）（62歳）の姿が見えたので、カウンター越しに声をかけた。

S　こんにちは、信念社長さん。
T　あんたも熱心だね。保険はいらないって言ったでしょ。もうたくさん入っているんだよ！
S　また、しっしっって言わないでくださいね。
T　ははぁ、いつぞやは失礼したね。

　信念も渋井の自信のある笑顔に簡単に断れない。

S　社長さん、たくさん保険に入っていらっしゃるそうですが、万が一のとき、保険金に法人税がかかるのはご存知ですよね。
T　何それ？　保険金から税金取られるの？
S　ええっ！　ご存知ないんですか？
T　ちょっと、この人にお茶入れてあげて。

　受付の女性に言うと、信念は渋井を社長の席の横に案内した。

T　それってどういうこと？
S　はい。社長さんは100歳までずっと1億円の保障が続く長期平準定期という保険にいくつかご加入されていますよね。

T　ああ、確か何本かね。

S　それは2分の1損金とか全額損金で経費になるからとお入りになっていますよね。

T　ああ、そうだ。

S　万が一亡くなったときの保険金は、当然会社に入ってきますから雑収、つまり営業外収益として法人税の課税対象になりますよね。

T　言われてみればそうだが、そんなことは保険屋からも税理士からも聞いたことないな。

S　それでは、少し私はお役に立てそうですね。

　渋井は、雲上に習った通り生命保険加入の目的は費用か投資かどちらかで、節税だけの目的は投資効果がないことを説明した。

T　そうか、費用で入るならなるべく安い費用で効果がなくっちゃいけないし、投資なら100投資して90のリターンじゃ、投資とは言えないな。

S　そうなんです。節税商品といっても、しょせん利益の繰り延べ効果しかないんです。それよりは、インフレ・消費増税・円安に負けない長期の保障と100投資したら120にも130にもリターンが期待できる投資の保険にご関心はありませんか？

T　そんなのあるの？

S　私は、費用の保険はお勧めしないんですよ。投資型の変額保険について、少しお話しを聞いていただきたいんですが。

　渋井は1時間で熱く保障と運用について説明した。

S　変額保険は、まさに社長の努力が実になる財産の結晶になると思い

ます。ゼネラル生命の変額保険で、社長の夢を実現しましょう。

T　よーし、あんたの勧めるものは入るよ。あんたが改善が必要だというものは何でも言ってくれ。

S　ありがとうございます。保険だけではなく、法人の仕組みを最大限に活用するために退職金規定、役員さんの慶弔見舞金制度、旅費交通費規定の整備もお手伝いさせてくださいね。

　そして渋井は、個人と法人両方の契約が決まり、来週の診査のアポも取った（これらの解説は、「節税商品に頼らない社長・ドクターの攻略本」近代セールス社を参考）。

　その後、渋井林檎は快進撃を続け、この年一気に全国ナンバーワンに上り詰めた。まさに奇跡の大逆転だ。ＭＤＲＴ会員資格をクリアして２年後には３倍の成績資格であるＣＯＴ会員（コートオブザテーブル）にもなっていた。今年は６倍の成績のＴＯＴ会員（トップオブザテーブル）になると決めた。

　３年後の５月の連休のある日、渋井は純白のレースのカーテンを一杯に開けた。高台の海の見える高層の部屋に眩しい光が入ってきた。渋井親子は夢だった新居に引っ越した。

おわりに ···

　みなさん、雲上先生のレッスンはいかがでしたか？　主人公の渋井林
檎さん（仮名）は、私の複数の生徒さんをモデルにしたバーチャル主人
公です。まさにこのレッスンを受けて大逆転したＭＤＲＴ会員たちです。
私のセミナーを受講してから３年で、会社の海外表彰とＭＤＲＴ資格を
達成しています。

　一人でも多くの渋井さんを輩出したいと思い、「パーフェクトアプロー
チコース（ＰＡＣ）」という研修を毎月開催し21年経ちました。20年
間で、延べ2,000人以上の方に受講していただいています。現在も
300人以上がＭＤＲＴの基準をクリアしています。ＰＡＣを受講され
た方に今回披露した法人向けのレッスンである「ダイヤモンドアプロー
チコース（ＤＡＣ）」も開催しています。

　本書はインフレ、増税、円安対策として、ドル建て終身保険、変額保
険のプレゼンもすべて公開しました。前著と本書が私のセミナーの教科
書になります。

　でも、どの分野でもそうですが、レッスン書だけでプロになれる方は
いません。ぜひ、福地のセールススクールの門を叩いてください。福地
恵士は、雲上先生のようなべらんめい調ではありませんので、ご安心を！
おそばは年末に打って受講生にご馳走したいと思っています。

　継続的に正しい努力をすれば、必ず成果が出ます。ぜひあなたも人生
を変えてほしいと思います。本書にあるように、渋井さんに特別な才能
や能力はありませんでした。ただ、素直に私のレッスンを実行し続けて
いただけです。

　人はいつからでも成長できるのです。これは、人間だけに与えられた

特典です。この特典をあなたも生かしてほしいと思っています。

　個人や法人にドル保険や変額保険を売る力を身につけるため、レッスンを受けてみませんか。お試しレッスンは毎月開催（オンライン無料レッスンも毎月開催）しています。ぜひあなたも第2第3の渋井さんになっていただきたいと願っています。

　私が30年間やり続けてきたこと。それは、皆さんと一緒に生命保険と貯金の流れを変えること。そのため、受講生には3つの基本ポリシーを、お客様にアプローチする最初にお話しするように指導しています。

　1つ目のポリシーは長期の保障を売るということです。世界一の長寿国日本が加入している保険は、ほとんどが「万が一だけ＝ early death」のニードを満たすだけです。生命表で勉強したように、男性で90歳、女性は100歳という「Live long ＝長生きのライフプラン」が必要です。

　実際の高齢化は予想より早いスピードで進んでいます。従来のように退職金と年金だけを頼りにする生き方では貧困を招きます。「長生き社会＝長く働く時代」がやってきました。

　改正高齢年齢者雇用安定法が国会を通過しました。70歳まで働ける環境がこれから制度として整備されていきます。ですから、60歳以降も所得保障が必要だと繰り返し提唱し続けていきます。

　2つ目のポリシーは、お客様の保険料を掛け金ではなく、お預りして保障がいらなくなったら全部お返しすることです。お客様から預かった保険料を一円もムダにしないことです。

　3つ目のポリシーは、その保険料を運用して、インフレ、増税、円安に負けないように増やしてお返しすることです。

　この3つのポリシーをしっかりとお客様に話ができれば、他のセール

スとは違う、差別化営業が可能になります。資産形成プランをお客様に持っていただくと本当に一生涯のお付き合いができます。

　大きく育った資産を違ったステージに活用する場面が必ずやってくるということです。社長やドクターには、１億円以上の保険料をお返しし、退職金の原資になりました。そして、またこの退職金の運用をお願いされるという、新なビジネスチャンスが続きます。

　一生涯コンサルティングを続けていく。保険の切れ目が縁の切れ目にならないことを日々実感しています。

　最近、受講生のご家族やお客様に、がん・心臓疾患・脳疾患の名医へのアテンドも毎月のようにあります。名医による体の負担の少ない治療情報もお客様にとって「転ばぬ先の杖＝保険」です。

　ＰＡＣ・ＤＡＣのセミナーを受講された方の継続研修が東京、大阪、福岡で毎月１回開催されています。参加者の141人（2020年３月現在）をチームエイムと呼び、ＭＤＲＴ会員を目指して勉強しています。

　現在チームエイムのＭＤＲＴ会員は53人になりました。ＭＤＲＴ会員の３倍の成績資格のＣＯＴ会員は４人です。元は渋井さんと同じ、並み以下の成績の方が次々とＭＤＲＴ会員資格を達成しています。

　がん、脳外科、心臓外科の世界を代表する名医のセミナーも開催されています。命は、情報＝名医のネットワークとお金＝保険で守られるのです。あなたもこのネットワークを手に入れませんか？　研修受講生の特典です。詳しくは弊社エイムまで。

エイムのホームページが新しくなりました。
PAC 研修のホームページ　https://aim-fukuchi.com/seminar-request/
株式会社エイムのホームページ　https://aim-fukuchi.com/

〒 173-0023　東京都大山町 22 － 9
電話　03-5917-0356　Fax　03-5917-03597

【福地恵士のプロフィール】

1957 年 9 月　東京生まれ

1981 年 4 月　ＨＯＹＡ株式会社入社　眼鏡店のルートセールスを 10
　　　　　　　年経験

1991 年 4 月　ソニー生命保険株式会社にライフプランナーとして入社
　　　　　　　9 年間の在任中に社長杯 8 回入賞

1998 年 4 月　エグゼクティブライフプランナー（部長格）認定

2000 年 3 月　株式会社エイムを設立し代表取締役に就任

2021 年 7 月現在　ＭＤＲＴ 29 回登録　成績資格終身会員

自ら現役の生保セールス活動の傍ら、生保セールス育成、営業マネー
ジャー研修等の営業教育事業を展開中

＜研修指針＞

強い心の土台にスキルのビルを建てる

＜著書＞

「得する保険　損する保険（アチーブメント出版）」

「感動！医療保険のプレゼンテーション」

「法人保険 驚異のダイヤモンドアプローチ」

「大丈夫、絶対売れる！」

「＜改訂新版＞行くところがなくなったら読む本」

「節税商品に頼らない社長・ドクターの攻略本」

「大逆転の生命保険セールス」

「新・生命保険セールスのアプローチ」

「＜改訂新版＞成功はあなたのすぐそばに」

（以上、近代セールス社）

＜小冊子＞

「先進医療はもう古い？　命を守る名医に出会う方法と正しいセカンド
オピニオンの受け方」

「近赤外線免疫療法が人類をがんから救う」

「今なぜ変額保険か？」

「今なぜドル保険・年金か？」

【株式会社エイムの研修事業】

21 世紀型ライフプランの講演活動。

生保セールス育成　営業マネージャー研修等のセミナー事業を展開

【株式会社エイムの保険代理店事業】

生保代理店事業

＜趣味＞

ゴルフ　ＡＶ（音楽映画鑑賞）　そば打ち

＜モットー＞

熱意は　スキル、知識を超越する。

＜株式会社エイムの経営理念＞

－自主自立の人生の啓蒙と実践－

好評 316 号まで継続中　無料メルマガ「生命保険営業に素質・才能は必要か？」

登録アドレス　https://aim-fukuchi.com/category/blog/

株式会社エイムのホームページ　http://aim-fukuchi.com/

株式会社エイム

〒 173-0023　東京都板橋区大山町 22-9

電話 03-5917-0356　Fax 03-5917-0359

E-Mail　k.fukuchi@aimss.co.jp

無料メルマガ「そのがん保険使えません」「365 日大安吉日」

登録アドレス　　　　　　　　http:// ガン保険 .seesaa.net/

ＰＡＣ研修のホームページ　　　http://blog. 福地恵士 aim.com/pac/

「2021 ドル・変額保険の活用」プレゼント

本書籍の図表の一部を小冊子にしました。本書をお読みいただいた読者
の先着 100 名様にプレゼントします。

住所・氏名・メールアドレスを必ずご記入のうえ、本書籍のオビにある
応募券を同封してエイムまでお送りください。

セミナー、講演のご依頼、ご質問等ございましたらお問い合わせくださ
い。

ドル保険・変額保険はこうして売る！

2020 年 6 月 27 日　初版発行
2021 年 8 月 30 日　再版発行

著　者―――福地　恵士

発行者―――楠　真一郎

発　行―――株式会社近代セールス社

〒165-0026　東京都中野区新井 2-10-11 ヤシマ 1804 ビル 4 階
電　話　03-6866-7586　ＦＡＸ　03-6866-7596

イラスト・装丁――伊東ぢゅん子

イラスト協力――福地萌々子

印刷・製本――株式会社木元省美堂

ISBN978-4-7650-2182-1